中学校学習指導要領（平成29年告示）解説

理科編

平成29年7月

文部科学省

まえがき

　文部科学省では，平成29年3月31日に学校教育法施行規則の一部改正と中学校学習指導要領の改訂を行った。新中学校学習指導要領等は平成33年度から全面的に実施することとし，平成30年度から一部を移行措置として先行して実施することとしている。

　今回の改訂は，平成28年12月の中央教育審議会答申を踏まえ，

① 教育基本法，学校教育法などを踏まえ，これまでの我が国の学校教育の実績や蓄積を生かし，子供たちが未来社会を切り拓（ひら）くための資質・能力を一層確実に育成することを目指すこと。その際，子供たちに求められる資質・能力とは何かを社会と共有し，連携する「社会に開かれた教育課程」を重視すること。

② 知識及び技能の習得と思考力，判断力，表現力等の育成のバランスを重視する平成20年改訂の学習指導要領の枠組みや教育内容を維持した上で，知識の理解の質を更に高め，確かな学力を育成すること。

③ 先行する特別教科化など道徳教育の充実や体験活動の重視，体育・健康に関する指導の充実により，豊かな心や健やかな体を育成すること。

を基本的なねらいとして行った。

　本書は，大綱的な基準である学習指導要領の記述の意味や解釈などの詳細について説明するために，文部科学省が作成するものであり，中学校学習指導要領第2章第4節「理科」について，その改善の趣旨や内容を解説している。

　各学校においては，本書を御活用いただき，学習指導要領等についての理解を深め，創意工夫を生かした特色ある教育課程を編成・実施されるようお願いしたい。

　むすびに，本書「中学校学習指導要領解説理科編」の作成に御協力くださった各位に対し，心から感謝の意を表する次第である。

平成29年7月

文部科学省初等中等教育局長

髙　橋　道　和

目次

● 第1章　総　説 …………………………………………… 1

　1　改訂の経緯及び基本方針 ……………………………… 1
　2　理科改訂の趣旨 ………………………………………… 6
　3　理科改訂の要点 ………………………………………… 10
　4　分野目標と内容の構成の考え方と本解説における内容の示し方 … 21

● 第2章　理科の目標及び内容 …………………………… 23

　● 第1節　教科の目標 …………………………………… 23
　● 第2節　各分野の目標及び内容 ……………………… 25

　[第1分野]
　　1　第1分野の目標 ……………………………………… 25
　　2　第1分野の内容 ……………………………………… 29
　　　(1) 身近な物理現象 …………………………………… 29
　　　(2) 身の回りの物質 …………………………………… 35
　　　(3) 電流とその利用 …………………………………… 40
　　　(4) 化学変化と原子・分子 …………………………… 46
　　　(5) 運動とエネルギー ………………………………… 52
　　　(6) 化学変化とイオン ………………………………… 58
　　　(7) 科学技術と人間 …………………………………… 63

　[第2分野]
　　1　第2分野の目標 ……………………………………… 70
　　2　第2分野の内容 ……………………………………… 74
　　　(1) いろいろな生物とその共通点 …………………… 74
　　　(2) 大地の成り立ちと変化 …………………………… 80
　　　(3) 生物の体のつくりと働き ………………………… 86
　　　(4) 気象とその変化 …………………………………… 92

　　　　（5）生命の連続性 ……………………………… 99
　　　　（6）地球と宇宙 …………………………………104
　　　　（7）自然と人間 …………………………………109

● 第3章　指導計画の作成と内容の取扱い …………………114

　　1　指導計画作成上の配慮事項 …………………………114
　　　　（1）主体的・対話的で深い学びの実現に向けた授業改善 …114
　　　　（2）学校の実態に応じた効果的な指導計画の作成 …116
　　　　（3）十分な観察，実験の時間や探究する時間の設定 …117
　　　　（4）日常生活や他教科等との関連 ………………118
　　　　（5）障害のある生徒への指導 ……………………118
　　　　（6）道徳科などとの関連 …………………………119
　　2　内容の取扱いについての配慮事項 …………………121
　　　　（1）科学的に探究する力や態度の育成 …………121
　　　　（2）生命の尊重と自然環境の保全 ………………122
　　　　（3）言語活動の充実 ………………………………123
　　　　（4）コンピュータや情報通信ネットワークなどの活用 …124
　　　　（5）学習の見通しと振り返り ……………………125
　　　　（6）ものづくりの推進 ……………………………125
　　　　（7）継続的な観察などの充実 ……………………126
　　　　（8）体験的な学習活動の充実 ……………………126
　　　　（9）博物館や科学学習センターなどとの連携 …127
　　　　（10）科学技術と日常生活や社会との関連 ………128
　　3　事故防止，薬品などの管理及び廃棄物の処理 …130
　　　　（1）事故の防止について …………………………130
　　　　（2）薬品などの管理について ……………………133
　　　　（3）廃棄物の処理について ………………………133

- 付 録 ……………………………………………………… 137
  - 付録１：学校教育法施行規則（抄） ………………… 138
  - 付録２：中学校学習指導要領 第１章 総則 ………… 143
  - 付録３：中学校学習指導要領 第２章 第４節 理科 … 150
  - 付録４：小学校学習指導要領 第２章 第４節 理科 … 165
  - 付録５：中学校学習指導要領 第３章 特別の教科 道徳 … 177
  - 付録６：「道徳の内容」の学年段階・学校段階の一覧表 … 182

第1章　総説

● 1　改訂の経緯及び基本方針

(1) 改訂の経緯

　今の子供たちやこれから誕生する子供たちが，成人して社会で活躍する頃には，我が国は厳しい挑戦の時代を迎えていると予想される。生産年齢人口の減少，グローバル化の進展や絶え間ない技術革新等により，社会構造や雇用環境は大きく，また急速に変化しており，予測が困難な時代となっている。また，急激な少子高齢化が進む中で成熟社会を迎えた我が国にあっては，一人一人が持続可能な社会の担い手として，その多様性を原動力とし，質的な豊かさを伴った個人と社会の成長につながる新たな価値を生み出していくことが期待される。

　こうした変化の一つとして，人工知能（AI）の飛躍的な進化を挙げることができる。人工知能が自ら知識を概念的に理解し，思考し始めているとも言われ，雇用の在り方や学校において獲得する知識の意味にも大きな変化をもたらすのではないかとの予測も示されている。このことは同時に，人工知能がどれだけ進化し思考できるようになったとしても，その思考の目的を与えたり，目的のよさ・正しさ・美しさを判断したりできるのは人間の最も大きな強みであるということの再認識につながっている。

　このような時代にあって，学校教育には，子供たちが様々な変化に積極的に向き合い，他者と協働して課題を解決していくことや，様々な情報を見極め知識の概念的な理解を実現し情報を再構成するなどして新たな価値につなげていくこと，複雑な状況変化の中で目的を再構築することができるようにすることが求められている。

　このことは，本来，我が国の学校教育が大切にしてきたことであるものの，教師の世代交代が進むと同時に，学校内における教師の世代間のバランスが変化し，教育に関わる様々な経験や知見をどのように継承していくかが課題となり，また，子供たちを取り巻く環境の変化により学校が抱える課題も複雑化・困難化する中で，これまでどおり学校の工夫だけにその実現を委ねることは困難になってきている。

　こうした状況を踏まえ，平成26年11月には，文部科学大臣から新しい時代にふさわしい学習指導要領等の在り方について中央教育審議会に諮問を行った。中央教育審議会においては，2年1か月にわたる審議の末，平成28年12月21日に「幼稚園，小学校，中学校，高等学校及び特別支援学校の学習指導要領等の改善及び必要な方策等について（答申）」（以下「中央教育審議会答申」という。）

を示した。

中央教育審議会答申においては，"よりよい学校教育を通じてよりよい社会を創る"という目標を学校と社会が共有し，連携・協働しながら，新しい時代に求められる資質・能力を子供たちに育む「社会に開かれた教育課程」の実現を目指し，学習指導要領等が，学校，家庭，地域の関係者が幅広く共有し活用できる「学びの地図」としての役割を果たすことができるよう，次の6点にわたってその枠組みを改善するとともに，各学校において教育課程を軸に学校教育の改善・充実の好循環を生み出す「カリキュラム・マネジメント」の実現を目指すことなどが求められた。

① 「何ができるようになるか」（育成を目指す資質・能力）
② 「何を学ぶか」（教科等を学ぶ意義と，教科等間・学校段階間のつながりを踏まえた教育課程の編成）
③ 「どのように学ぶか」（各教科等の指導計画の作成と実施，学習・指導の改善・充実）
④ 「子供一人一人の発達をどのように支援するか」（子供の発達を踏まえた指導）
⑤ 「何が身に付いたか」（学習評価の充実）
⑥ 「実施するために何が必要か」（学習指導要領等の理念を実現するために必要な方策）

これを踏まえ，平成29年3月31日に学校教育法施行規則を改正するとともに，幼稚園教育要領，小学校学習指導要領及び中学校学習指導要領を公示した。小学校学習指導要領は，平成30年4月1日から第3学年及び第4学年において外国語活動を実施する等の円滑に移行するための措置（移行措置）を実施し，令和2年4月1日から全面実施することとしている。また，中学校学習指導要領は，平成30年4月1日から移行措置を実施し，令和3年4月1日から全面実施することとしている。

(2) 改訂の基本方針

今回の改訂は中央教育審議会答申を踏まえ，次の基本方針に基づき行った。

① 今回の改訂の基本的な考え方

ア 教育基本法，学校教育法などを踏まえ，これまでの我が国の学校教育の実践や蓄積を生かし，子供たちが未来社会を切り拓くための資質・能力を一層確実に育成することを目指す。その際，子供たちに求められる資質・能力とは何かを社会と共有し，連携する「社会に開かれた教育課程」を重視すること。

イ 知識及び技能の習得と思考力，判断力，表現力等の育成のバランスを重

視する平成20年改訂の学習指導要領の枠組みや教育内容を維持した上で，知識の理解の質を更に高め，確かな学力を育成すること。
ウ　先行する特別教科化など道徳教育の充実や体験活動の重視，体育・健康に関する指導の充実により，豊かな心や健やかな体を育成すること。

②　育成を目指す資質・能力の明確化

中央教育審議会答申においては，予測困難な社会の変化に主体的に関わり，感性を豊かに働かせながら，どのような未来を創っていくのか，どのように社会や人生をよりよいものにしていくのかという目的を自ら考え，自らの可能性を発揮し，よりよい社会と幸福な人生の創り手となる力を身に付けられるようにすることが重要であること，こうした力は全く新しい力ということではなく学校教育が長年その育成を目指してきた「生きる力」であることを改めて捉え直し，学校教育がしっかりとその強みを発揮できるようにしていくことが必要とされた。また，汎用的な能力の育成を重視する世界的な潮流を踏まえつつ，知識及び技能と思考力，判断力，表現力等をバランスよく育成してきた我が国の学校教育の蓄積を生かしていくことが重要とされた。

このため「生きる力」をより具体化し，教育課程全体を通して育成を目指す資質・能力を，ア「何を理解しているか，何ができるか（生きて働く「知識・技能」の習得）」，イ「理解していること・できることをどう使うか（未知の状況にも対応できる「思考力・判断力・表現力等」の育成）」，ウ「どのように社会・世界と関わり，よりよい人生を送るか（学びを人生や社会に生かそうとする「学びに向かう力・人間性等」の涵養）」の三つの柱に整理するとともに，各教科等の目標や内容についても，この三つの柱に基づく再整理を図るよう提言がなされた。

今回の改訂では，知・徳・体にわたる「生きる力」を子供たちに育むために「何のために学ぶのか」という各教科等を学ぶ意義を共有しながら，授業の創意工夫や教科書等の教材の改善を引き出していくことができるようにするため，全ての教科等の目標及び内容を「知識及び技能」，「思考力，判断力，表現力等」，「学びに向かう力，人間性等」の三つの柱で再整理した。

③　「主体的・対話的で深い学び」の実現に向けた授業改善の推進

子供たちが，学習内容を人生や社会の在り方と結び付けて深く理解し，これからの時代に求められる資質・能力を身に付け，生涯にわたって能動的に学び続けることができるようにするためには，これまでの学校教育の蓄積を生かし，学習の質を一層高める授業改善の取組を活性化していくことが必要であり，我

が国の優れた教育実践に見られる普遍的な視点である「主体的・対話的で深い学び」の実現に向けた授業改善（アクティブ・ラーニングの視点に立った授業改善）を推進することが求められる。

今回の改訂では「主体的・対話的で深い学び」の実現に向けた授業改善を進める際の指導上の配慮事項を総則に記載するとともに，各教科等の「第３　指導計画の作成と内容の取扱い」において，単元や題材など内容や時間のまとまりを見通して，その中で育む資質・能力の育成に向けて，「主体的・対話的で深い学び」の実現に向けた授業改善を進めることを示した。

その際，以下の６点に留意して取り組むことが重要である。

ア　児童生徒に求められる資質・能力を育成することを目指した授業改善の取組は，既に小・中学校を中心に多くの実践が積み重ねられており，特に義務教育段階はこれまで地道に取り組まれ蓄積されてきた実践を否定し，全く異なる指導方法を導入しなければならないと捉える必要はないこと。

イ　授業の方法や技術の改善のみを意図するものではなく，児童生徒に目指す資質・能力を育むために「主体的な学び」，「対話的な学び」，「深い学び」の視点で，授業改善を進めるものであること。

ウ　各教科等において通常行われている学習活動（言語活動，観察・実験，問題解決的な学習など）の質を向上させることを主眼とするものであること。

エ　１回１回の授業で全ての学びが実現されるものではなく，単元や題材など内容や時間のまとまりの中で，学習を見通し振り返る場面をどこに設定するか，グループなどで対話する場面をどこに設定するか，児童生徒が考える場面と教師が教える場面をどのように組み立てるかを考え，実現を図っていくものであること。

オ　深い学びの鍵として「見方・考え方」を働かせることが重要になること。各教科等の「見方・考え方」は，「どのような視点で物事を捉え，どのような考え方で思考していくのか」というその教科等ならではの物事を捉える視点や考え方である。各教科等を学ぶ本質的な意義の中核をなすものであり，教科等の学習と社会をつなぐものであることから，児童生徒が学習や人生において「見方・考え方」を自在に働かせることができるようにすることにこそ，教師の専門性が発揮されることが求められること。

カ　基礎的・基本的な知識及び技能の習得に課題がある場合には，その確実な習得を図ることを重視すること。

④ 各学校におけるカリキュラム・マネジメントの推進

　各学校においては，教科等の目標や内容を見通し，特に学習の基盤となる資質・能力（言語能力，情報活用能力（情報モラルを含む。以下同じ。），問題発見・解決能力等）や現代的な諸課題に対応して求められる資質・能力の育成のためには，教科等横断的な学習を充実することや，「主体的・対話的で深い学び」の実現に向けた授業改善を，単元や題材など内容や時間のまとまりを見通して行うことが求められる。これらの取組の実現のためには，学校全体として，児童生徒や学校，地域の実態を適切に把握し，教育内容や時間の配分，必要な人的・物的体制の確保，教育課程の実施状況に基づく改善などを通して，教育活動の質を向上させ，学習の効果の最大化を図るカリキュラム・マネジメントに努めることが求められる。

　このため総則において，「生徒や学校，地域の実態を適切に把握し，教育の目的や目標の実現に必要な教育の内容等を教科等横断的な視点で組み立てていくこと，教育課程の実施状況を評価してその改善を図っていくこと，教育課程の実施に必要な人的又は物的な体制を確保するとともにその改善を図っていくことなどを通して，教育課程に基づき組織的かつ計画的に各学校の教育活動の質の向上を図っていくこと（以下「カリキュラム・マネジメント」という。）に努める」ことについて新たに示した。

⑤ 教育内容の主な改善事項

　このほか，言語能力の確実な育成，理数教育の充実，伝統や文化に関する教育の充実，体験活動の充実，外国語教育の充実などについて総則や各教科等において，その特質に応じて内容やその取扱いの充実を図った。

2 理科改訂の趣旨

平成28年12月の中央教育審議会答申において,教育課程の改訂の基本的な考え方,今回の改訂で充実すべき重要事項等が示されるとともに,各教科等の主な改善事項が示された。中学校理科の改訂は,これらを踏まえて行ったものである。

(1) 平成20年改訂の学習指導要領の成果と課題を踏まえた理科の目標の在り方

中央教育審議会答申では,主に,以下の①から③が示されている。

(答申要旨)

> ① 平成20年改訂の学習指導要領の成果と課題
>
> 　PISA2015では,科学的リテラシーの平均得点は国際的に見ると高く,TIMSS2015では,1995年以降の調査において最も良好な結果になっているといった成果が見られる。また,TIMSS2015では,理科を学ぶことに対する関心・意欲や意義・有用性に対する認識について改善が見られる一方で,諸外国と比べると肯定的な回答の割合が低い状況にあることや,「観察・実験の結果などを整理・分析した上で,解釈・考察し,説明すること」などの資質・能力に課題が見られる。
>
> ② 課題を踏まえた理科の目標の在り方
>
> 　課題に適切に対応できるよう,小学校,中学校,高等学校それぞれの学校段階において,理科の学習を通じて育成を目指す資質・能力の全体像を明確化するとともに,資質・能力を育むために必要な学びの過程についての考え方を示すこと等を通じて,理科教育の改善・充実を図っていくことが必要である。そのため,学校段階ごとの理科の教科目標については,育成を目指す資質・能力の「知識・技能」,「思考力・判断力・表現力等」,「学びに向かう力・人間性等」の三つの柱に沿った整理を踏まえて示すことが求められる。
>
> ③ 理科における「見方・考え方」
>
> 　今回の改訂では,資質・能力をより具体的なものとして示し,「見方・考え方」は資質・能力を育成する過程で働く,物事を捉える視点や考え方として全教科等を通して整理されたことを踏まえ,中学校の理科における「見方・考え方」を,「自然の事物・現象を,質的・量的な関係や時間的・空間的な関係などの科学的な視点で捉え,比較したり,関係付けたりするなどの科学的に探究する方法を用いて考えること」と示している。

　ここでは,平成20年改訂の学習指導要領の成果と課題を明らかにするとともに,課題に対応できるよう,小学校,中学校,高等学校それぞれの学校段階にお

ける理科で育成を目指す資質・能力の全体像と,理科の学習を通じて働かせる「理科の見方・考え方」が示されている。

(2) 理科の具体的な改善事項

中央教育審議会答申では,主に,以下の①から③が示されている。

(答申要旨)

① 教育課程の示し方の改善

ⅰ) 資質・能力を育成する学びの過程についての考え方

理科においては,課題の把握(発見),課題の探究(追究),課題の解決という探究の過程を通じた学習活動を行い,それぞれの過程において,資質・能力が育成されるよう指導の改善を図ることが必要である。そして,このような探究の過程全体を生徒が主体的に遂行できるようにすることを目指すとともに,生徒が常に知的好奇心を持って身の回りの自然の事物・現象に関わるようになることや,その中で得た気付きから疑問を形成し,課題として設定することができるようになることを重視すべきである。

その際,学習過程については,必ずしも一方向の流れではなく,必要に応じて戻ったり,繰り返したりする場合があること,授業においては全ての学習過程を実施するのではなく,その一部を取り扱う場合があること,意見交換や議論など対話的な学びを適宜取り入れていく際,あらかじめ自己の考えを形成した上で行うようにすることが求められる。なお,資質・能力を育成する学びの過程の例として,高等学校の例を,図1(9ページ)に示すが,中学校においても,基本的には高等学校の例と同様の流れで学習過程を捉えることが必要である。

ⅱ) 指導内容の示し方の改善

各内容について,どのような学習過程において,どのような「見方・考え方」を働かせることにより,どのような「知識・技能」及び「思考力・判断力・表現力等」を身に付けることを目指すのかを示していくことが必要である。その上で,内容の系統性とともに,育成を目指す資質・能力のつながりを意識した構成,配列となるようにする必要がある。

「学びに向かう力・人間性等」については,内容ごとに大きく異なるものではないことから,各学年や各分野の「目標」において整理されたものを,全ての内容において共通的に扱うこととするのが適当である。

② 教育内容の改善・充実

ⅰ) 教育内容の見直し

国際調査において,日本の生徒の,理科が「役に立つ」,「楽しい」との回

答が国際平均より低く,理科の好きな子供が少ない状況を改善する必要がある。このため,生徒自身が観察,実験を中心とした探究の過程を通じて課題を解決したり,新たな課題を発見したりする経験を可能な限り増加させていくことが重要であり,このことが理科の面白さを感じたり,理科の有用性を認識したりすることにつながっていくと考えられる。

③ 学習・指導の改善充実や教育環境の充実等

ⅰ)「主体的・対話的で深い学び」の実現

「主体的な学び」,「対話的な学び」,「深い学び」の三つの視点から学習過程を更に質的に改善していくことが必要である。なお,これら三つの視点はそれぞれが独立しているものではなく,相互に関連し合うものであることに留意が必要である。その際,自然の事物・現象について,「理科の見方・考え方」を働かせ,探究の過程を通して学ぶことにより,資質・能力を獲得するとともに,「見方・考え方」も豊かで確かなものとなると考えられる。さらに,次の学習や日常生活などにおける科学的に探究する場面において,獲得した資質・能力に支えられた「見方・考え方」を働かせることによって「深い学び」につながっていくものと考えられる。

ⅱ) 教材や教育環境の充実

理科において育成を目指す資質・能力の実現を図り,生徒の興味・関心を高めていくためには,指導体制の強化や教員研修,実験器具等の整備の充実,ICT環境の整備などの条件整備が求められる。

ここでは,資質・能力を育成する学びの過程についての考え方を明らかにして指導内容の示し方の改善を図るとともに,教育内容や学習・指導の改善や充実を図るための「主体的・対話的で深い学び」の実現や教育環境の充実などについて示されている。

以上が,中央教育審議会答申に述べられている改善の方針の趣旨であり,学習指導要領の理科の目標,内容の決定に当たっては,これらの方針に基づき具体的な作業が進められた。

図1　資質・能力を育むために重視する探究の過程のイメージ
（中央教育審議会答申の資料を一部修正）

資質・能力を育むために重視すべき学習過程のイメージ（高等学校基礎科目の例*7）

学習過程例（探究の過程）*1	理科における資質・能力の例*3	対話的な学びの例*4
課題の把握（発見）		
自然事象に対する気付き	●主体的に自然事象*6と関わり、それらを科学的に探究しようとする態度（以後全ての過程に共通） ●自然事象を観察し、必要な情報を抽出・整理する力 ●抽出・整理した情報について、それらの関係性（共通点や相違点など）や傾向を見いだす力	意見交換・議論
課題の設定	●見いだした関係性や傾向から、課題を設定する力	意見交換・議論
課題の探究（追究）		
仮説の設定	●見通しを持ち、検証できる仮説を設定する力	意見交換・議論
検証計画の立案	●仮説を確かめるための観察・実験の計画を立案する力 ●観察・実験の計画を評価・選択・決定する力	意見交換・議論
観察・実験の実施*5	●観察・実験を実行する力	調査
結果の処理	●観察・実験の結果を処理する力	意見交換・議論
課題の解決		
考察・推論	●観察・実験の結果を分析・解釈する力 ●情報収集して仮説の妥当性を検討したり、考察したりする力 ●全体を振り返って推論したり、改善策を考えたりする力 ●新たな知識やモデル等を創造したり、次の課題を発見したりする力 ●事象や概念等に対する新たな知識を再構築したり、獲得したりする力 ●学んだことを次の課題や、日常生活や社会に活用しようとする態度	意見交換・議論
表現・伝達	●考察・推論したことや結論を発表したり、レポートにまとめたりする力	研究発表 相互評価

「見通し」と「振り返り」は、課題の探究（追究）～課題の解決にかけて繰り返される。

次の探究の過程

*1　探究の過程は、必ずしも一方向の流れではない。また、授業では、その過程の一部を扱ってもよい。
*2　「見通し」と「振り返り」は、学習過程全体を通してのみならず、それぞれの学習過程で行うことも重要である。
*3　全ての学習過程において、今までに身に付けた資質・能力（既習の知識及び技能など）を活用する力が求められる。
*4　意見交換や議論の際には、あらかじめ個人で考えることが重要である。また、他者とのかかわりの中で自分の考えをより妥当なものにする力が求められる。
*5　単元内容や題材の関係で観察・実験が扱えない場合も、調査して論理的に検討を行うなど、探究の過程を経ることが重要である。
*6　自然事象には、日常生活で見られる事象も含まれる。
*7　小学校及び中学校においても、基本的には高等学校の例と同様の流れで学習過程を捉えることが必要である。

3 理科改訂の要点

先に示した中央教育審議会答申の内容を踏まえながら、学習指導要領の改訂を行った。今回の改訂の要点は次のようなものである。

(1) 改訂に当たっての基本的な考え方

理科で育成を目指す資質・能力を育成する観点から、自然の事物・現象に進んで関わり、見通しをもって観察、実験などを行い、その結果を分析して解釈するなどの科学的に探究する学習を充実した。また、理科を学ぶことの意義や有用性の実感及び理科への関心を高める観点から、日常生活や社会との関連を重視した。

それらを踏まえ、以下の①から③について改善を行った。

① 目標及び内容の示し方の改善

目標については、育成を目指す資質・能力を三つの柱「知識及び技能」、「思考力、判断力、表現力等」、「学びに向かう力、人間性等」に沿って整理し改善を図っている。

内容については、育成を目指す資質・能力のうち「知識及び技能」をアとして、「思考力、判断力、表現力等」をイとして示し、両者を相互に関連させながら育成できるよう改善を図っている。なお、「学びに向かう力、人間性等」については、第1分野、第2分野の「目標」にそれぞれ示している。

また、従来、理科においては「科学的な見方や考え方」の育成を目標として位置付け、資質・能力を包括するものとして示してきた。今回の改訂では、「見方・考え方」は資質・能力を育成する過程で働く、物事を捉える視点や考え方として全教科等を通して整理されたことを踏まえて示すようにする。

② 学習内容の改善

自然の事物・現象に対する概念や原理・法則の理解、科学的に探究するために必要な観察、実験などに関する技能などを無理なく身に付けていくためには、学習内容の系統性を考慮するとともに、資質・能力の育成を図る学習活動が効果的に行われるようにすることが大切である。

この観点から学習内容を見直し、一部を他の学年等へ移行したり、整理統合したりして、学習内容の改善を図っている。

③ 指導の重点等の提示

生徒の「主体的・対話的で深い学び」の実現に向けた授業改善を図り、中学校の3年間を通じて理科で育成を目指す資質・能力の育成を図るため、アにはどのように知識及び技能を身に付けるかを含めて示し、イには重視する学習の過程も含めて示している。

(2) 目標の改善の要点

目標の示し方については，中学校理科全体のねらいを述べた教科の目標と，これを受けて第1分野，第2分野の目標を，育成を目指す資質・能力である「知識及び技能」，「思考力，判断力，表現力等」，「学びに向かう力，人間性等」に分けて具体的に記述している。教科の目標は，中央教育審議会答申や小学校から高等学校までの理科の目標の一貫性を考慮して示している。中学校では，「自然の事物・現象に関わり，理科の見方・考え方を働かせ，見通しをもって観察，実験を行うことなどを通して，自然の事物・現象を科学的に探究するために必要な資質・能力を次のとおり育成することを目指す。」とあるように，生徒が自然の事物・現象に進んで関わり，問題を見いだし見通しをもって観察，実験を行うなど，自ら学ぶ意欲を重視した表現としている。また，従前の「探究する能力の基礎」を「科学的に探究するために必要な資質・能力」とし，科学的に探究する活動をより一層重視し，高等学校理科との円滑な接続を図っている。分野の目標は，両分野とも(1)から(3)までの三つの柱から成り立っている。

(1)については，自然の事物・現象についての観察，実験などを行い，それらに関する知識や，科学的に探究するために必要な観察，実験の技能を身に付けることを述べている。（図2：16, 17ページ，図3：18, 19ページ）

(2)については，自然の事物・現象に関わり，それらの中に問題を見いだし見通しをもって観察，実験などを行い，その結果を分析して解釈し表現するなど，科学的に探究する活動を通して，科学的な思考力，判断力，表現力等を育成することを述べている。（図4：20ページ）

(3)については，自然の事物・現象に進んで関わり，科学的に探究しようとする態度や生命の尊重，自然環境の保全に寄与する態度を育て，更には自然を総合的に見ることができるようにすることの重要性を述べている。（図4：20ページ）

(3)「理科の見方・考え方」

理科における「見方（様々な事象等を捉える各教科等ならではの視点）」については，理科を構成する領域ごとの特徴を見いだすことが可能であり，「エネルギー」を柱とする領域では，自然の事物・現象を主として量的・関係的な視点で捉えることが，「粒子」を柱とする領域では，自然の事物・現象を主として質的・実体的な視点で捉えることが，「生命」を柱とする領域では，生命に関する自然の事物・現象を主として共通性・多様性の視点で捉えることが，「地球」を柱とする領域では，地球や宇宙に関する自然の事物・現象を主として時間的・空間的な視点で捉えることが，それぞれの領域における特徴的な視点として整理することができる。

ただし，これらの特徴的な視点はそれぞれの領域固有のものではなく，その強弱

はあるものの他の領域において用いられる視点でもあり，また，これら以外の視点もあることについて留意することが必要である。また，探究の過程において，これらの視点を必要に応じて組み合わせて用いることも大切である。

理科における「考え方」については，図1（9ページ）で示した探究の過程を通した学習活動の中で，例えば，比較したり，関係付けたりするなどの科学的に探究する方法を用いて考えることとして整理することができる。なお，この「考え方」は，物事をどのように考えていくのかということであり，資質・能力としての思考力や態度とは異なることに留意が必要である。

以上を踏まえ，中学校における「理科の見方・考え方」については，「自然の事物・現象を，質的・量的な関係や時間的・空間的な関係などの科学的な視点で捉え，比較したり，関係付けたりするなどの科学的に探究する方法を用いて考えること」と整理することができる。

例えば，比較することで問題を見いだしたり，既習の内容などと関係付けて根拠を示すことで課題の解決につなげたり，原因と結果の関係といった観点から探究の過程を振り返ったりすることなどが考えられる。そして，このような探究の過程全体を生徒が主体的に遂行できるようにすることを目指すとともに，生徒が常に知的好奇心をもって身の回りの自然の事物・現象に関わるようになることや，その中で得た気付きから課題を設定することができるようになることを重視すべきである。

理科の学習においては，「理科の見方・考え方」を働かせながら，知識及び技能を習得したり，思考，判断，表現したりしていくものであると同時に，学習を通して，「理科の見方・考え方」が豊かで確かなものとなっていくと考えられる。なお，「見方・考え方」は，まず「見方」があって，次に「考え方」があるといった順序性のあるものではない。

(4) 内容の改善の要点
① 学習内容の改善について

今回の改訂においても，従前と同様に「エネルギー」，「粒子」，「生命」，「地球」などの科学の基本的な概念等を柱として構成し，科学に関する基本的概念の一層の定着を図ることができるようにしている。その際，小学校，中学校，高等学校の一貫性に十分配慮するとともに，育成を目指す資質・能力，内容の系統性の確保，国際的な教育の流れなどにも配慮して内容の改善及び充実を図った。なお，小学校及び中学校の7年間を通じた「エネルギー」，「粒子」，「生命」，「地球」を柱とした内容の構成を，図2，図3（16～19ページ）に示す。

今回の改訂で，内容の系統性の確保とともに，育成を目指す資質・能力とのつ

ながりを意識した構成，配列となるように，改善・充実した主な内容，移行した主な内容は，以下のとおりである。

○ 改善・充実した主な内容
［第1分野］
・第3学年に加えて，第2学年においても，放射線に関する内容を扱うこと
［第2分野］
・全学年で自然災害に関する内容を扱うこと
・第1学年において，生物の分類の仕方に関する内容を扱うこと

○ 移行した主な内容
(1)及び(2)は第1学年，(3)及び(4)は第2学年，(5)から(7)までは第3学年で取り扱うものとする。
［第1分野］
・電気による発熱（小学校第6学年から(3)へ）
・圧力（(1)から(5)へ，(1)から第2分野(4)へ）
［第2分野］
・葉・茎・根のつくりと働き（(1)から(3)へ）
・動物の体の共通点と相違点（(3)から(1)へ）
・生物の種類の多様性と進化（(3)から(5)へ）
・自然の恵みと火山災害・地震災害（(7)から(2)へ）
・自然の恵みと気象災害（(7)から(4)へ）

② **指導の重点等の提示について**

今回の改訂では，3年間を通じて計画的に，科学的に探究するために必要な資質・能力を育成するために，各学年で主に重視する探究の学習過程の例を以下のように整理した。

・第1学年：自然の事物・現象に進んで関わり，その中から問題を見いだす
・第2学年：解決する方法を立案し，その結果を分析して解釈する
・第3学年：探究の過程を振り返る

③ **授業時間数について**

授業時間数については，第1学年は105時間，第2学年は140時間，第3学年は140時間であり，従前と同じである。今回の改訂でも授業時間数を維持するこ

とによって，科学に関する基本的概念の一層の定着を図るとともに，観察，実験の結果を分析して解釈するなどの科学的に探究する学習活動を重視することによって，思考力，判断力，表現力等の育成を図るようにした。さらに，日常生活や社会との関連を重視し，科学的な体験，自然体験の充実を図るようにした。

(5) 指導計画の作成と内容の取扱い

指導計画の作成と内容の取扱いについては，従前のものを維持するとともに，理科の見方・考え方を働かせ，問題を見いだし，見通しをもって観察，実験などを行い，その結果を分析して解釈するなどの科学的に探究する学習活動を重視し，その方向性を強化した。また，以下に示したものを今回の改訂で新たに加えた。

ア 単元など内容や時間のまとまりを見通して，その中で育む資質・能力の育成に向けて，生徒の「主体的・対話的で深い学び」の実現に向けた授業改善を図るようにすること。その際，理科の学習過程の特質を踏まえ，理科の見方・考え方を働かせ，見通しをもって観察，実験を行うことなどの科学的に探究する学習活動が充実するようにすること。

イ 日常生活や他教科等との関連を図ること。

ウ 障害のある生徒などについては，学習活動を行う場合に生じる困難さに応じた指導内容や指導方法の工夫を計画的，組織的に行うこと。

エ 言語活動が充実するようにすること。

オ 指導に当たっては，生徒が学習の見通しを立てたり学習したことを振り返ったりする活動を計画的に取り入れるよう工夫すること。

カ 観察，実験，野外観察などの体験的な学習活動の充実に配慮すること。また，環境整備に十分配慮すること。

図2　小学校・中学校理科の「エネルギー」,「粒子」を柱とした内容の構成

校種	学年	エネルギー		
		エネルギーの捉え方	エネルギーの変換と保存	エネルギー資源の有効利用
小学校	第3学年	**風とゴムの力の働き** ・風の力の働き ・ゴムの力の働き　　**光と音の性質** ・光の反射・集光 ・光の当て方と明るさや暖かさ ・音の伝わり方と大小	**磁石の性質** ・磁石に引き付けられる物 ・異極と同極　　**電気の通り道** ・電気を通すつなぎ方 ・電気を通す物	
	第4学年		**電流の働き** ・乾電池の数とつなぎ方	
	第5学年	**振り子の運動** ・振り子の運動	**電流がつくる磁力** ・鉄心の磁化,極の変化 ・電磁石の強さ	
	第6学年	**てこの規則性** ・てこのつり合いの規則性 ・てこの利用	**電気の利用** ・発電（光電池（小4から移行）を含む）,蓄電 ・電気の変換 ・電気の利用	
中学校	第1学年	**力の働き** ・力の働き（2力のつり合い（中3から移行）を含む）　　**光と音** ・光の反射・屈折（光の色を含む） ・凸レンズの働き ・音の性質		
	第2学年	**電流** ・回路と電流・電圧 ・電流・電圧と抵抗 ・電気とそのエネルギー（電気による発熱（小6から移行）を含む） ・静電気と電流（電子,放射線を含む） **電流と磁界** ・電流がつくる磁界 ・磁界中の電流が受ける力 ・電磁誘導と発電		
	第3学年	**力のつり合いと合成・分解** ・水中の物体に働く力（水圧,浮力（中1から移行）を含む） ・力の合成・分解 **運動の規則性** ・運動の速さと向き ・力と運動 **力学的エネルギー** ・仕事とエネルギー ・力学的エネルギーの保存	**エネルギーと物質** ・エネルギーとエネルギー資源（放射線を含む） ・様々な物質とその利用（プラスチック（中1から移行）を含む） ・科学技術の発展	**自然環境の保全と科学技術の利用** ・自然環境の保全と科学技術の利用 〈第2分野と共通〉

実線は新規項目。破線は移行項目。

粒　子			
粒子の存在	粒子の結合	粒子の保存性	粒子のもつエネルギー
		物と重さ ・形と重さ ・体積と重さ	
空気と水の性質 ・空気の圧縮 ・水の圧縮			**金属，水，空気と温度** ・温度と体積の変化 ・温まり方の違い ・水の三態変化
		物の溶け方（溶けている物の均一性（中1から移行）を含む） ・重さの保存 ・物が水に溶ける量の限度 ・物が水に溶ける量の変化	
	燃焼の仕組み ・燃焼の仕組み	**水溶液の性質** ・酸性，アルカリ性，中性 ・気体が溶けている水溶液 ・金属を変化させる水溶液	
物質のすがた ・身の回りの物質とその性質 ・気体の発生と性質		**水溶液** ・水溶液	**状態変化** ・状態変化と熱 ・物質の融点と沸点
物質の成り立ち ・物質の分解 ・原子・分子	**化学変化** ・化学変化 ・化学変化における酸化と還元 ・化学変化と熱		
		化学変化と物質の質量 ・化学変化と質量の保存 ・質量変化の規則性	
水溶液とイオン ・原子の成り立ちとイオン ・酸・アルカリ ・中和と塩			
化学変化と電池 ・金属イオン ・化学変化と電池			

3 理科改訂の要点

図3 小学校・中学校理科の「生命」,「地球」を柱とした内容の構成

校種	学年	生命		
		生物の構造と機能	生命の連続性	生物と環境の関わり
小学校	第3学年	**身の回りの生物** ・身の回りの生物と環境との関わり ・昆虫の成長と体のつくり ・植物の成長と体のつくり		
	第4学年	**人の体のつくりと運動** ・骨と筋肉 ・骨と筋肉の働き	**季節と生物** ・動物の活動と季節 ・植物の成長と季節	
	第5学年		**植物の発芽,成長,結実** ・種子の中の養分 ・発芽の条件 ・成長の条件 ・植物の受粉,結実　　**動物の誕生** ・卵の中の成長 ・母体内の成長	
	第6学年	**人の体のつくりと働き** ・呼吸 ・消化・吸収 ・血液循環 ・主な臓器の存在　　**植物の養分と水の通り道** ・でんぷんのでき方 ・水の通り道		**生物と環境** ・生物と水,空気との関わり ・食べ物による生物の関係（水中の小さな生物（小5から移行）を含む） ・人と環境
中学校	第1学年	**生物の観察と分類の仕方** ・生物の観察 ・生物の特徴と分類の仕方 **生物の体の共通点と相違点** ・植物の体の共通点と相違点 ・動物の体の共通点と相違点 （中2から移行）		
	第2学年	**生物と細胞** ・生物と細胞 **植物の体のつくりと働き** ・葉・茎・根のつくりと働き （中1から移行） **動物の体のつくりと働き** ・生命を維持する働き ・刺激と反応		
	第3学年		**生物の成長と殖え方** ・細胞分裂と生物の成長 ・生物の殖え方 **遺伝の規則性と遺伝子** ・遺伝の規則性と遺伝子 **生物の種類の多様性と進化** ・生物の種類の多様性と進化 （中2から移行）	**生物と環境** ・自然界のつり合い ・自然環境の調査と環境保全 ・地域の自然災害 **自然環境の保全と科学技術の利用** ・自然環境の保全と科学技術の利用 〈第1分野と共通〉

実線は新規項目。破線は移行項目。

地球		
地球の内部と地表面の変動	地球の大気と水の循環	地球と天体の運動
	太陽と地面の様子 ・日陰の位置と太陽の位置の変化 ・地面の暖かさや湿り気の違い	
雨水の行方と地面の様子 ・地面の傾きによる水の流れ ・土の粒の大きさと水のしみ込み方	**天気の様子** ・天気による1日の気温の変化 ・水の自然蒸発と結露	**月と星** ・月の形と位置の変化 ・星の明るさ，色 ・星の位置の変化
流れる水の働きと土地の変化 ・流れる水の働き ・川の上流・下流と川原の石 ・雨の降り方と増水	**天気の変化** ・雲と天気の変化 ・天気の変化の予想	
土地のつくりと変化 ・土地の構成物と地層の広がり（化石を含む） ・地層のでき方 ・火山の噴火や地震による土地の変化		**月と太陽** ・月の位置や形と太陽の位置
身近な地形や地層，岩石の観察 ・身近な地形や地層，岩石の観察		
地層の重なりと過去の様子 ・地層の重なりと過去の様子		
火山と地震 ・火山活動と火成岩 ・地震の伝わり方と地球内部の働き		
自然の恵みと火山災害・地震災害 ・自然の恵みと火山災害・地震災害（中3から移行）		
	気象観測 ・気象要素（圧力（中1の第1分野から移行）を含む） ・気象観測	
	天気の変化 ・霧や雲の発生 ・前線の通過と天気の変化	
	日本の気象 ・日本の天気の特徴 ・大気の動きと海洋の影響	
	自然の恵みと気象災害 ・自然の恵みと気象災害（中3から移行）	
		天体の動きと地球の自転・公転 ・日周運動と自転 ・年周運動と公転
		太陽系と恒星 ・太陽の様子 ・惑星と恒星 ・月や金星の運動と見え方

3 理科改訂の要点

図4 思考力，判断力，表現力等及び学びに向かう力，人間性等に関する学習指導要領の主な記載

校種	資質・能力	学年	エネルギー	粒子	生命	地球
小学校	思考力、判断力、表現力等	第3学年	(比較しながら調べる活動を通して) 自然の事物・現象について追究する中で，差異点や共通点を基に，問題を見いだし，表現すること。			
		第4学年	(関係付けて調べる活動を通して) 自然の事物・現象について追究する中で，既習の内容や生活経験を基に，根拠のある予想や仮説を発想し，表現すること。			
		第5学年	(条件を制御しながら調べる活動を通して) 自然の事物・現象について追究する中で，予想や仮説を基に，解決の方法を発想し，表現すること。			
		第6学年	(多面的に調べる活動を通して) 自然の事物・現象について追究する中で，より妥当な考えをつくりだし，表現すること。			
	学びに向かう力、人間性等		主体的に問題解決しようとする態度を養う。			
					生物を愛護する（生命を尊重する）態度を養う。	

※ 各学年で育成を目指す思考力，判断力，表現力等については，該当学年において育成することを目指す力のうち，主なものを示したものであり，他の学年で掲げている力の育成についても十分に配慮すること。

校種	資質・能力	学年	エネルギー	粒子	生命	地球
中学校	思考力、判断力、表現力等	第1学年	問題を見いだし見通しをもって観察，実験などを行い，【規則性，関係性，共通点や相違点，分類するための観点や基準】を見いだして表現すること。			
		第2学年	見通しをもって解決する方法を立案して観察，実験などを行い，その結果を分析して解釈し，【規則性や関係性】を見いだして表現すること。			
		第3学年	見通しをもって観察，実験などを行い，その結果（や資料）を分析して解釈し，【特徴，規則性，関係性】を見いだして表現すること。また，探究の過程を振り返ること。			
			見通しをもって観察，実験などを行い，その結果を分析して解釈するとともに，自然環境の保全と科学技術の利用の在り方について，科学的に考察して判断すること。		観察，実験などを行い，自然環境の保全と科学技術の利用の在り方について，科学的に考察して判断すること。	
	学びに向かう力、人間性等		【第1分野】 物質やエネルギーに関する事物・現象に進んで関わり，科学的に探究しようとする態度を養う。		【第2分野】 生命や地球に関する事物・現象に進んで関わり，科学的に探究しようとする態度，生命を尊重し，自然環境の保全に寄与する態度を養う。	

※ 内容の(1)から(7)までについては，それぞれのアに示す知識及び技能とイに示す思考力，判断力，表現力等とを相互に関連させながら，3年間を通じて科学的に探究するために必要な資質・能力の育成を目指すものとする。

4　分野目標と内容の構成の考え方と本解説における内容の示し方

(1) 分野目標の構成の考え方

　各分野の目標は，教科の目標を受けて示しているものである。また，学習対象の特性や生徒が働かせる見方・考え方を考慮して，従前と同様に，物質やエネルギーに関する自然の事物・現象を対象としている「第1分野」（25ページ），生命や地球に関する自然の事物・現象を対象としている「第2分野」（70ページ）の二つの内容区分に対応させるとともに，資質・能力の三つの柱で整理して示している。

(2) 内容の構成の考え方

　内容の構成は，単元のまとまりとして，「(1)(2)…」，「(ア)(イ)…」，「㋐㋑…」と三つの階層に分けて示している。例えば，「(1) 身近な物理現象」，「(ア) 光と音」，「㋐　光の反射・屈折」などと示している。

　今回の中学校理科の改訂では，3年間を通じて計画的に，科学的に探究するために必要な資質・能力を育成するために，各学年で主に重視する探究の学習過程の例（13ページ）を整理したことを受け，アとして知識及び技能，イとして思考力，判断力，表現力等については，次のように示している。

① アに示す知識及び技能については，それ自体に階層性があることから，例えば，「(1) 身近な物理現象」でその単元全体に係るものとして概要を示し，「(ア) 光と音」の「㋐　光の反射・屈折」で具体的な内容を示している。

② イに示す思考力，判断力，表現力等については，知識及び技能のような明確な階層性が見られないので，例えば，「(1) 身近な物理現象」で単元全体を通して育成を目指すものとしてまとめて示している。具体的には，各学年で主に重視する探究の学習過程を通して，思考力，判断力，表現力等の育成を目指していることを示している。

　理科の目標を達成するためには，科学的に探究するために必要な観察，実験などを行い，アに示す知識及び技能とイに示す思考力，判断力，表現力等を相互に関連させながら，身に付けるように指導することが大切である。

(3) 本解説における内容の示し方

　本解説における内容の示し方については，例えば，「(1) 身近な物理現象」の冒頭で，アとして知識及び技能，イとして思考力，判断力，表現力等を併せて示し，目標と指導の全体像を捉えられるように解説している。詳細については，次のように示している。

① 例えば,「(1) 身近な物理現象」の解説については, 小学校や中学校における既習の学習内容を示すとともに, 単元全体における主なねらいや指導の重点を示している。

また, 理科で育成を目指す資質・能力の「学びに向かう力, 人間性等」については, 各分野の目標(3)を適用することとしているが, 特徴がある場合については, 必要に応じて加えて示している。

② 例えば,「(ア) 光と音」の「㋐ 光の反射・屈折」の解説については, 従前と同様に, 内容の取扱いと併せて示している。ここでは, まず,「(ア) 光と音」におけるねらいを示し, 次に,「㋐ 光の反射・屈折」における既習の学習内容を示すとともに, ねらいや指導の重点を示している。特に, 着眼点などを示し, 重視する学習の過程を例示している。

また, 必要に応じて留意事項についても示している。

第2章　理科の目標及び内容

第1節　教科の目標

> 　自然の事物・現象に関わり，理科の見方・考え方を働かせ，見通しをもって観察，実験を行うことなどを通して，自然の事物・現象を科学的に探究するために必要な資質・能力を次のとおり育成することを目指す。
> (1) 自然の事物・現象についての理解を深め，科学的に探究するために必要な観察，実験などに関する基本的な技能を身に付けるようにする。
> (2) 観察，実験などを行い，科学的に探究する力を養う。
> (3) 自然の事物・現象に進んで関わり，科学的に探究しようとする態度を養う。

　この目標は，中学校理科においてどのような資質・能力の育成を目指しているのかを簡潔に示したものである。初めに，どのような学習の過程を通してねらいを達成するかを示し，(1)では育成を目指す資質・能力のうち「知識及び技能」を，(2)では「思考力，判断力，表現力等」を，(3)では「学びに向かう力，人間性等」をそれぞれ示し，三つの柱に沿って明確化した。

　なお，自然の事物・現象を科学的に探究するために必要な資質・能力については，相互に関連し合うものであり，目標(1)から(3)は育成する順を示したものではないことに留意することが必要である。

　理科は，自然の事物・現象を学習の対象とする教科である。「自然の事物・現象に関わり」は，生徒が主体的に問題を見いだすために不可欠であり，学習意欲を喚起する点からも大切なことである。

　「理科の見方・考え方を働かせ」のうち，「見方・考え方」は学びの本質的な意義の中核をなすものであり，理科の学習においては，この「見方・考え方」を働かせながら，知識及び技能を習得したり，思考，判断，表現したりしていくものであると同時に，学習を通じて，「理科の見方・考え方」が豊かで確かなものとなっていくと考えられる。

　「見通しをもって観察，実験を行うこと」は，観察，実験を行う際，生徒に観察，実験を何のために行うか，観察，実験ではどのような結果が予想されるかを考えさせることなどであり，観察，実験を進める上で大切である。さらに，広く理科の学習全般においても，生徒が見通しをもって学習を進め，学習の結果，何が獲得され，何が分かるようになったかをはっきりさせ，一連の学習を自分のものと

することができるようにすることが重要である。このようなことから、「見通しをもって」ということを強調している。従前の「目的意識をもって」に比べ、より幅広く様々な場面で活用することを想定した表現となっている。

目標(1)は、育成を目指す資質・能力のうち、知識及び技能を示したものである。知識及び技能を育成するに当たっては、自然の事物・現象についての観察、実験などを行うことを通して、自然の事物・現象に対する概念や原理・法則の理解を図るとともに、科学的に探究するために必要な観察、実験などに関する基本的な技能を身に付けることが重要である。その際、日常生活や社会との関わりの中で、科学を学ぶ楽しさや有用性を実感しながら、生徒が自らの力で知識を獲得し、理解を深めて体系化していくようにすることが大切である。また、観察、実験などに関する基本的な技能については、探究の過程を通して身に付けるようにすることが大切である。

目標(2)は、育成を目指す資質・能力のうち、思考力、判断力、表現力等を示したものである。科学的に探究する力を育成するに当たっては、自然の事物・現象の中に問題を見いだし、見通しをもって観察、実験などを行い、得られた結果を分析して解釈するなどの活動を行うことが重要である。その際、第1学年では自然の事物・現象に進んで関わり、それらの中から問題を見いだす活動、第2学年では解決する方法を立案し、その結果を分析して解釈する活動、第3学年では探究の過程を振り返る活動などに重点を置き、3年間を通じて科学的に探究する力の育成を図るようにする。

目標(3)は、育成を目指す資質・能力のうち、学びに向かう力、人間性等を示したものである。学びに向かう力、人間性等を育成するに当たっては、生徒の学習意欲を喚起し、生徒が自然の事物・現象に進んで関わり、主体的に探究しようとする態度を育てることが重要である。その際、自然体験の大切さや日常生活や社会における科学の有用性を実感できるような場面を設定することが大切である。このような主体的に探究する活動を通して、自然の美しさ、精妙さ、偉大さを改めて感得し、自然についての理解を深め、新たな問題を見いだそうとするなど、生徒の感性や知的好奇心などが育まれる。

また、自然環境の保全や科学技術の利用に関する問題などでは、人間が自然と調和しながら持続可能な社会をつくっていくため、身の回りの事象から地球規模の環境までを視野に入れて、科学的な根拠に基づいて賢明な意思決定ができるような態度を身に付ける必要がある。

第2節　各分野の目標及び内容

[第1分野]

1　第1分野の目標

> 物質やエネルギーに関する事物・現象を科学的に探究するために必要な資質・能力を次のとおり育成することを目指す。

　第1分野の目標は，教科の目標を受けて示しているものであり，第1分野の特質に即して，ねらいをより具体的に述べている。

　第1分野の目標(1)は，教科の目標の「自然の事物・現象についての理解を深め，科学的に探究するために必要な観察，実験などに関する基本的な技能を身に付けるようにする」を受けて，物質やエネルギーに関する観察，実験などを行い，それらの事物・現象について理解するとともに，科学的に探究するために必要な観察，実験などに関する基本的な技能を身に付けるというねらいを示している。

　目標(2)は，教科の目標の「観察，実験などを行い，科学的に探究する力を養う」を受けて，小学校で身に付けた問題を見いだす力や根拠のある予想や仮説を発想する力などを発展させ，物質やエネルギーに関する事物・現象について規則性を見いだしたり，課題を解決したりする方法を身に付け，思考力，判断力，表現力等を養うというねらいを示している。

　目標(3)は，教科の目標の「自然の事物・現象に進んで関わり，科学的に探究しようとする態度を養う」を受けて，物質やエネルギーに関する事物・現象に進んで関わり，自然を科学的に探究する活動を行い，科学的に探究しようとする態度を養うとともに，自然を総合的に見ることができるようにするというねらいを示している。

> (1) 物質やエネルギーに関する事物・現象についての観察，実験などを行い，身近な物理現象，電流とその利用，運動とエネルギー，身の回りの物質，化学変化と原子・分子，化学変化とイオンなどについて理解するとともに，科学技術の発展と人間生活との関わりについて認識を深めるようにする。また，それらを科学的に探究するために必要な観察，実験などに関する基本的な技能を身に付けるようにする。

この目標は，第1分野の学習の対象が，物質やエネルギーに関する事物・現象であることを示すとともに，物質やエネルギーに関する観察，実験などを行い，それらの事物・現象について理解するとともに，科学的に探究するために必要な観察，実験などに関する基本的な技能を身に付けることがねらいであることを示している。ここでは，「身近な物理現象」，「電流とその利用」，「運動とエネルギー」，「身の回りの物質」，「化学変化と原子・分子」，「化学変化とイオン」など，「エネルギー」や「粒子」についての科学の基本的な概念等を柱として内容を構成している。

「エネルギー」を柱とする領域では，エネルギーに関する事物・現象についての観察，実験などを行うことを通して，それらの事物・現象に対する基本的な知識を身に付けるとともに，科学的に探究するために必要な観察，実験などに関する基本的な技能を身に付けることがねらいである。ここでは，小学校での学習につなげて，力や運動，エネルギー，電流などの事物・現象に関して内容の系統性を重視し，科学的に探究する活動を通して，科学的な知識や基本的な概念が獲得されるようにしている。

「粒子」を柱とする領域では，物質に関する事物・現象についての観察，実験などを行うことを通して，それらの事物・現象に対する基本的な知識を身に付けるとともに，科学的に探究するために必要な観察，実験などに関する基本的な技能を身に付けることがねらいである。ここでは，小学校での学習につなげて，身の回りの物質，化学変化などの事物・現象に関して内容の系統性を重視し，目に見える物質の性質や反応を目に見えない原子，分子，イオンの概念を用いて統一的に考察させ，科学的に探究する活動を通して，科学的な知識や基本的な概念が獲得されるようにしている。

さらに，物質やエネルギーに関する事物・現象を調べる活動を行い，科学技術の発展が人間生活を豊かで便利にしていることや，エネルギー問題や環境問題などの様々な問題を解決するために科学技術が重要であることに気付かせ，科学技術の発展と人間生活とが密接に関わりをもっていることの認識を深めさせる。

なお，これらの学習に当たっては，規則性や原理などが日常生活や社会で活用されていることにも触れ，私たちの生活において極めて重要な役割を果たしていることに気付かせるようにすることが大切である。

---

(2) 物質やエネルギーに関する事物・現象に関わり，それらの中に問題を見いだし見通しをもって観察，実験などを行い，その結果を分析して解釈し表現するなど，科学的に探究する活動を通して，規則性を見いだしたり課題を解決したりする力を養う。

この目標は，物質やエネルギーに関する事物・現象に対して関わり，科学的に探究する活動を通して，規則性を見いだしたり課題を解決したりする力を養うことがねらいであることを示している。

第1分野の特徴は，観察，実験が比較的行いやすく，分析的な手法によって規則性を見いだしやすいことである。実際の指導に当たっては，生徒自身が問題を見いだし，自ら進んで探究する活動を行い，分析して解釈することを通して，規則性を見いだしたり，課題を解決したりするように方向付けることが大切である。

自然の事物・現象を科学的に探究する活動では，図1（9ページ）で示している学習過程の例などが考えられるが，これらは決して固定的なものではなく，問題の内容や性質，あるいは生徒の発達の段階に応じて，ある部分を重点的に扱ったり，適宜省略したりするといった工夫が必要である。その際，小学校で身に付けた問題を見いだす力や根拠のある予想や仮説を発想する力などを更に高めながら，観察，実験の結果を分析して解釈するなどの資質・能力の育成を図るようにする。

こうした第1分野の特徴も踏まえて，自然の事物・現象の規則性や関係性を見いだすことなど，思考力，判断力，表現力等を育成することが重要である。その際，表やグラフの作成，モデルの活用，コンピュータなどＩＣＴの活用，レポートの作成や発表を行うことなどが大切である。

> (3) 物質やエネルギーに関する事物・現象に進んで関わり，科学的に探究しようとする態度を養うとともに，自然を総合的に見ることができるようにする。

この目標は，物質やエネルギーに関する事物・現象について進んで関わり，観察，実験などを行い，科学的に探究しようとする態度を養うとともに，日常生活や社会との関わりについて認識して，自然を総合的に見ることができるようにすることがねらいであることを示している。

物質やエネルギーに関する事物・現象について，生徒が進んで関わり，それらの事物・現象に対する気付きから問題を見いだして解決しようとする態度や，それらの事物・現象の理解が深まることによって新たな問題を見いだそうとする態度など，科学的に探究しようとする態度を養うことが大切である。

その際，理科の学習で得た知識及び技能を活用して，物質やエネルギーに関する自然の事物・現象を総合的に見たり考えたりしようとする態度を身に付けさせることが重要である。

このような学習を通して，自然と人間が調和した持続可能な社会をつくってい

くために，科学的な根拠に基づいて意思決定ができるよう指導することが大切である。

第2章
理科の目標
及び内容

2　第1分野の内容

　以下に示す内容は，アとして知識及び技能，イとして思考力，判断力，表現力等を身に付けるよう指導することを示している。なお，学びに向かう力，人間性等は第1分野の目標の(3)を適用する。

(1) 身近な物理現象

> (1) 身近な物理現象
> 　身近な物理現象についての観察，実験などを通して，次の事項を身に付けることができるよう指導する。
> ア　身近な物理現象を日常生活や社会と関連付けながら，次のことを理解するとともに，それらの観察，実験などに関する技能を身に付けること。
> イ　身近な物理現象について，問題を見いだし見通しをもって観察，実験などを行い，光の反射や屈折，凸レンズの働き，音の性質，力の働きの規則性や関係性を見いだして表現すること。

　小学校では，光や音に関する内容として，第3学年で「光と音の性質」，力に関する内容として，第3学年で「物と重さ」，「風とゴムの力の働き」，第4学年で「空気と水の性質」，第6学年で「てこの規則性」について学習している。

　ここでは，理科の見方・考え方を働かせ，光や音，力についての観察，実験などを行い，身近な物理現象を日常生活や社会と関連付けながら理解させるとともに，それらの観察，実験などに関する技能を身に付けさせ，思考力，判断力，表現力等を育成することが主なねらいである。

　思考力，判断力，表現力等を育成するに当たっては，身近な物理現象について，問題を見いだし見通しをもって観察，実験などを行い，その結果を分析して解釈し，光の反射や屈折，凸レンズの働き，音の性質，力の働きについての規則性や関係性を見いだして表現させることが大切である。その際，レポートの作成や発表を適宜行わせることも大切である。

　また，身近な物理現象の学習に当たっては，例えば，簡単なカメラや楽器などのものづくりを取り入れ，原理や仕組みの理解を深めさせ，興味・関心を高めるようにすることが考えられる。

> (ア) 光と音
> 　㋐　光の反射・屈折

　　　　　光の反射や屈折の実験を行い，光が水やガラスなどの物質の境界面で
　　　　反射，屈折するときの規則性を見いだして理解すること。
　　㋑　凸レンズの働き
　　　　凸レンズの働きについての実験を行い，物体の位置と像のでき方との
　　　関係を見いだして理解すること。
　　㋒　音の性質
　　　　音についての実験を行い，音はものが振動することによって生じ空気
　　　中などを伝わること及び音の高さや大きさは発音体の振動の仕方に関係
　　　することを見いだして理解すること。

（内容の取扱い）

　　ア　アの(ｱ)の㋐については，全反射も扱い，光の屈折では入射角と屈折
　　　角の定性的な関係にも触れること。また，白色光はプリズムなどによっ
　　　ていろいろな色の光に分かれることにも触れること。
　　イ　アの(ｱ)の㋑については，物体の位置に対する像の位置や像の大きさ
　　　の定性的な関係を調べること。その際，実像と虚像を扱うこと。
　　ウ　アの(ｱ)の㋒については，音の伝わる速さについて，空気中を伝わる
　　　およその速さにも触れること。

　ここでは，光の反射や屈折，凸レンズの働き，音の性質に関して問題を見いだ
し見通しをもって実験を行い，その結果を分析して解釈し，規則性を見いださせ，
日常生活や社会と関連付けて理解させるとともに，光や音に関する観察，実験の
技能を身に付けさせることが主なねらいである。

㋐　光の反射・屈折について

　小学校では，第3学年で，日光は直進し，鏡などで集めたり反射させたりでき
ることについて学習している。
　ここでは，光の進み方に関する身近な現象と関連させながら，光の反射や屈折
の実験を行い，光が水やガラスなどの物質の境界面で反射，屈折するときの幾何
光学的な規則性を見いだして理解させることがねらいである。
　学習の導入に当たっては，例えば，光源から出た光を複数の鏡を使って反射さ
せ設置した的に当てるなど，鏡に入射する光と反射する光との関係について，問
題を見いだす活動などが考えられる。また，例えば，身近な事象として虹や水面
に映った景色，日常生活や社会で活用されているものとして光ファイバーケーブ
ルなどを示し，問題を見いださせるようにすることも考えられる。

反射については，例えば，光を鏡で反射させる実験を行い，光の進む道筋を記録させ，入射角と反射角が等しいことを見いだして理解させるとともに，鏡に映る像を光の反射と関連させて理解させる。

　屈折については，例えば，台形ガラスや半円形ガラス，プリズムなどを適宜用いて実験を行い，光が空気中からガラスや水に進むときは，入射角よりも屈折角が小さくなるように進み，入射角を変化させるにつれて屈折角が変化することを見いだして理解させる。また，光がガラスや水から空気中に進むときは，空気中からガラスや水に進む経路の逆をたどり，入射角よりも屈折角が大きくなるように進むこと，さらに，入射角を大きくしていくと全反射が起こることを見いだして理解させる。このように光の屈折については，入射角と屈折角の定性的な大小関係に触れる。なお，強い光源を用いる場合は，直接目で見ることのないよう配慮する必要がある。

　光の色については，例えば，雨上がりなどに虹ができることを取り上げ，白色光はプリズムなどによっていろいろな色の光に分かれることに触れる。なお，色の見え方には個人差があることに配慮する必要がある。

㋑　**凸レンズの働きについて**

　ここでは，物体と凸レンズの距離を変え，実像や虚像ができる条件を調べさせ，像の位置や大きさ，像の向きについての規則性を定性的に見いだして理解させることがねらいである。

　はじめに，凸レンズに平行光線を当て，光が集まる点が焦点であることを理解させる。次に，物体，凸レンズ，スクリーンの位置を変えながらいろいろ調節して，スクリーンに実像を結ばせ，凸レンズと物体の距離，凸レンズとスクリーンの距離，像の大きさ，像の向きの関係を見いだして理解させる。

　また，物体を凸レンズと焦点の間に置き，凸レンズを通して物体を見ると拡大した虚像が見えることを理解させる。その際，例えば，眼鏡やカメラなど光の性質やレンズの働きを応用した身の回りの道具や機器などを取り上げ，日常生活や社会と関連付けて理解させるようにする。

　凸レンズを用いてできる像を観察して，その結果を考察させる際，作図を用いることも考えられるが，定性的な関係を見いだすための補助的な手段として用いるようにする。なお，光源と凸レンズを用いて実像を観察する実験では，目を保護するために，スクリーン等に像を映して観察するなどの工夫をし，凸レンズを通して光源を直接目で見ることのないよう配慮する必要がある。

㋒　**音の性質について**

　小学校では，第3学年で，物から音が出たり伝わったりするとき，物は震えていること，音の大きさが変わると物の震え方が変わることについて学習している。

ここでは，音についての観察，実験を通して，音は物体の振動によって生じその振動が空気中などを伝わること，音の大小や高低は発音体の振動の振幅と振動数に関係することを見いだして理解させることがねらいである。

例えば，発振器に接続したスピーカーや太鼓，おんさなどの観察，実験を通して，物体が振動しているときに音が発生していることに気付かせる。また，二つの標準おんさの共鳴現象や真空鈴の実験を行い，音が空気中を伝わることや，空気など音を伝える物質の存在が必要であることを理解させる。その際，音が空気中を波として伝わることにも触れ，空気中を伝わる音の速さについては，例えば，雷鳴や打ち上げ花火などの体験と関連付け，室温など一定の温度におけるおよその値を示す。

また，例えば，音の大きさと振幅の関係や音の高さと振動数の関係について問題を見いだし，弦を用いて実験を行い，弦の振動では弦をはじく強さ，弦の長さや太さなどを変えて音を発生させ，音の大きさや高さを決める条件を見いだして理解させる。なお，このとき，条件を制御して行うことに留意させる。また，オシロスコープやコンピュータなどを用いて，音を波形で表示させ，音の大小と振幅，音の高低と振動数が関連することを見いだして理解させる。

(イ) 力の働き

㋐ 力の働き

物体に力を働かせる実験を行い，物体に力が働くとその物体が変形したり動き始めたり，運動の様子が変わったりすることを見いだして理解するとともに，力は大きさと向きによって表されることを知ること。また，物体に働く２力についての実験を行い，力がつり合うときの条件を見いだして理解すること。

（内容の取扱い）

エ　アの(イ)の㋐については，ばねに加える力の大きさとばねの伸びとの関係も扱うこと。また，重さと質量との違いにも触れること。力の単位としては「ニュートン」を用いること。

ここでは，物体に力を働かせる実験を行い，その結果を分析して解釈することを通して力の働きやその規則性を見いださせ，力は大きさと向きによって表されること，物体に働く２力のつり合う条件など，力に関する基礎的な性質やその働きを理解させるとともに，力に関する観察，実験の技能を身に付けさせることが

主なねらいである。

㋐ 力の働きについて

　小学校では，第3学年で，物は体積が同じでも重さは違うことがあること，風やゴムの力で物を動かすことができること，第6学年で「てこの規則性」について，力を加える位置や力の大きさを変えると，てこを傾ける働きが変わり，てこがつり合うときにはそれらの間に規則性があることを学習している。

　力の働きについては，例えば，静止している物体に力を働かせる実験を行い，物体が変形したり，動き出したりすることを観察させる。その中で，力の大きさによって変形の様子が異なることや動き出し方に違いがあることを見いだして理解させる。また，動いている物体に力を加える実験を行い，速くなったり遅くなったり動く向きが変わったりするなど，運動の様子が変わることを観察させる。これらのことを基にして，力の働きを見いださせるとともに，力には大きさと向きがあることを理解させる。

　物体の変形については，例えば，ばねにおもりをつるしてばねの伸びを測定する実験を行い，測定結果から力の大きさとばねの伸びが比例することを見いださせ，力の大きさはばねの変形の量で測定できることを理解させる。測定結果を処理する際，測定値には誤差が必ず含まれていることを踏まえた上で規則性を見いださせるように指導し，誤差の扱いやグラフ化など，測定値の処理の仕方の基礎を習得させることが大切である。

　2力がつり合う条件については，例えば，2本のばねばかりを用いて，一つの物体を引く実験を行い，2力がつり合うときのそれぞれの力の大きさと向きなどを調べ，つり合いの条件を見いだして理解させることが考えられる。このとき，綱引きなどの体験と関連させながら2力のつり合いについて考えさせる。その上で，2力のつり合いが身近に存在していることを，例えば，机の上に静止している物体に働く力について考えさせ，下向きに働いている重力とつり合うように机の面が物体を押し上げている力があることを理解させる。

　重さについては，小学校の学習を踏まえながら，力の一種であることを理解させ，重さと質量の違いにも触れる。例えば，質量は場所によって変わらない量で，てんびんで測定することができる量であり，重さは物体に働く重力の大きさで，ばねばかりなどで測定することができる量であるとする。そして，おもりの質量が大きくなるとおもりに働く重力が大きくなることを理解させる。また，今後の理科の学習で，重さと質量を区別して使っていくことにも触れる。

　力の大きさについては，単位としてニュートン（記号N）を用いる。1Nの力とは，質量が約100gの物体に働く重力と同じ大きさであることに触れる。また，力には，大きさ，向き，作用点という要素があり，力を矢印の大きさと向きを用

いて表すことができることを理解させる。なお，これらの学習の中で，身近なところに存在している力の具体例などにも触れ，生徒の興味・関心を高めることも大切である。

(2) 身の回りの物質

> (2) 身の回りの物質
> 　身の回りの物質についての観察，実験などを通して，次の事項を身に付けることができるよう指導する。
> 　ア　身の回りの物質の性質や変化に着目しながら，次のことを理解するとともに，それらの観察，実験などに関する技能を身に付けること。
> 　イ　身の回りの物質について，問題を見いだし見通しをもって観察，実験などを行い，物質の性質や状態変化における規則性を見いだして表現すること。

　小学校では，物質の性質や変化に関する内容として，第3学年で「物と重さ」，「磁石の性質」及び「電気の通り道」，第4学年で「金属，水，空気と温度」，第5学年で「物の溶け方」，第6学年で「燃焼の仕組み」について学習している。

　ここでは，理科の見方・考え方を働かせ，身の回りの物質についての観察，実験などを行い，物質の性質や溶解，状態変化について理解させるとともに，それらの観察，実験などに関する技能を身に付けさせ，思考力，判断力，表現力等を育成することが主なねらいである。その際，物質の水への溶解や状態変化では，粒子のモデルを用いて微視的に事物・現象を捉えさせることが大切である。

　思考力，判断力，表現力等を育成するに当たっては，身の回りの物質について，問題を見いだし見通しをもって観察，実験などを行い，その結果を分析して解釈し，物質の性質や状態変化における規則性を見いだして表現させることが大切である。その際，レポートの作成や発表を適宜行わせることも大切である。

　また，物質を調べるための実験器具の操作や，実験結果の記録の仕方などの技能を身に付けさせることが大切である。

　ここで扱う物質としては，身近なものをできるだけ取り上げ，物質に対する興味・関心を高めるようにする。

　なお，観察，実験に当たっては，保護眼鏡の着用などによる安全性の確保や，適切な実験器具の使用と操作による事故防止に留意する。その際，試薬は適切に取り扱い，廃棄物は適切に処理するなど，環境への影響などにも十分配慮する。

(ア) 物質のすがた
　㋐　身の回りの物質とその性質
　　　身の回りの物質の性質を様々な方法で調べる実験を行い，物質には密度や加熱したときの変化など固有の性質と共通の性質があることを見い

だして理解するとともに，実験器具の操作，記録の仕方などの技能を身に付けること。

㋑　気体の発生と性質

気体を発生させてその性質を調べる実験を行い，気体の種類による特性を理解するとともに，気体を発生させる方法や捕集法などの技能を身に付けること。

（内容の取扱い）

ア　アの(ｱ)の㋐については，有機物と無機物との違いや金属と非金属との違いを扱うこと。

イ　アの(ｱ)の㋑については，異なる方法を用いても同一の気体が得られることにも触れること。

　ここでは，物質についての学習の導入として，様々な物質に親しませるとともに，問題を見いだし見通しをもって観察，実験を行い，結果を分析して解釈し，物質の性質を見いだして理解させることや，実験器具の操作や実験結果の記録の仕方などの技能を身に付けさせることが主なねらいである。

㋐　身の回りの物質とその性質について

　小学校では，第3学年で，物は，体積が同じでも重さは違うことがあること，磁石に引き付けられる物と引き付けられない物があること及び電気を通す物と通さない物があることについて学習している。

　ここでは，身の回りの物質について，問題を見いだし見通しをもって観察，実験などを行い，物質には固有の性質と共通の性質があることを見いだして理解させるとともに，物質はその性質に着目すると分類できることを見いだして理解させること，また，加熱の仕方や実験器具の操作，実験結果の記録の仕方などの探究に関わる技能を身に付けさせることがねらいである。

　観察，実験の際には，見通しをもって実験を計画させたり，根拠を示して表現させたりするなど，探究的な活動となるよう留意する。ここで扱う物質としては，身近な固体の物質などを取り上げ，それらについて密度や加熱したときの変化などを調べる観察，実験を行う。例えば，食塩や砂糖などの視覚的に区別しにくい身近な白い粉末をどのようにしたら区別できるかという問題を見いださせ，性質の違いに着目し課題を設定させる。設定した課題について，小学校での物質の性質に関する学習などを活用して，性質を調べる方法を考え実験を行わせ，結果を表などに整理し，調べた性質を基に区別し，根拠を示して表現させることなどが

考えられる。その際，加熱したときの変化の違いなどに着目し，砂糖などの有機物は食塩などの無機物とは異なり，焦げて黒くなったり燃えると二酸化炭素が発生したりすることに気付かせる。また，金属などの物質を区別する学習活動において，物質の体積や質量に着目し，物質の密度を測定する実験を行い，求めた密度から物質を区別できることに気付かせることが考えられる。金属については，電気伝導性，金属光沢，展性，延性などの共通の性質があることを扱う。

　なお，観察，実験に当たっては，火傷などの事故が起こらないよう十分留意する。

㋑　気体の発生と性質について

　小学校では，第６学年で，植物体が燃えるときには，空気中の酸素が使われて二酸化炭素ができることを学習している。

　ここでは，気体の発生や捕集などの実験を通して，気体の種類による特性を理解させるとともに，気体の発生法や捕集法，気体の性質を調べる方法などの技能を身に付けさせることがねらいである。

　幾つかの気体を発生させて捕集する実験を行い，それぞれの気体の特性を調べる実験を行う。その際，水への溶けやすさ，空気に対する密度の大小など気体によって特性があり，それに応じた捕集法があることを理解させる。また，代表的な例を取り上げて，異なる方法を用いても同一の気体が得られることについても触れる。ここで取り扱う気体は，小学校で取り扱った気体と中学校理科の学習内容との関連を考慮して，生徒にとって身近な気体などから選ぶ。

　なお，気体の実験では，適切な器具を用いて正しい方法で行い，容器の破裂や火傷などの事故が起こらないよう十分注意するとともに，理科室内の換気にも留意する。

(ｲ) 水溶液

　㋐　水溶液

　　水溶液から溶質を取り出す実験を行い，その結果を溶解度と関連付けて理解すること。

(内容の取扱い)

　ウ　アの(ｲ)の㋐については，粒子のモデルと関連付けて扱い，質量パーセント濃度にも触れること。また，「溶解度」については，溶解度曲線にも触れること。

ここでは，物質の水への溶解を粒子のモデルと関連付けて理解させること，また，溶液の温度を下げたり，溶媒を蒸発させたりする実験を通して，溶液から溶質を取り出すことができることを溶解度と関連付けて理解させるとともに，再結晶は純粋な物質を取り出す方法の一つであることを理解させることがねらいである。

㋐ 水溶液について

小学校では，第５学年で，物が水に溶けても，水と物とを合わせた重さは変わらないことを学習している。また，物が水に溶ける量には限度があること，物が水に溶ける量は水の温度や量，溶ける物によって違うこと，この性質を利用して溶けている物を取り出すことができることについて学習している。さらに，水溶液の中では，溶けている物が均一に広がることを学習していることを踏まえ，ここでは，物質の水への溶解を粒子のモデルを用いて微視的に捉えさせるようにするとともに，粒子のモデルで均一になる様子について説明させるようにする。また，水溶液の濃さの表し方に質量パーセント濃度があることにも触れる。

ここで行う実験としては，例えば，ミョウバンと食塩を取り上げ，ミョウバンはその水溶液の温度を下げることにより，食塩は食塩水の水を蒸発させることにより結晶を取り出すことができることを扱い，溶解度と関連付けて理解させる。その際，溶解度曲線にも触れる。また，再結晶は少量の不純物を含む物質から溶解度の違いを利用して純粋な物質を得る方法であることを理解させる。

(ｳ) 状態変化

㋐ 状態変化と熱

物質の状態変化についての観察，実験を行い，状態変化によって物質の体積は変化するが質量は変化しないことを見いだして理解すること。

㋑ 物質の融点と沸点

物質は融点や沸点を境に状態が変化することを知るとともに，混合物を加熱する実験を行い，沸点の違いによって物質の分離ができることを見いだして理解すること。

（内容の取扱い）

エ アの(ｳ)の㋐については，粒子のモデルと関連付けて扱うこと。その際，粒子の運動にも触れること。

ここでは，物質の状態が変化する様子について，見通しをもって観察，実験を

行い，物質の状態変化における規則性を見いださせ，粒子のモデルと関連付けて理解させることが主なねらいである。

㋐ 状態変化と熱について

　小学校では，第4学年で，水は温度によって水蒸気や氷に変わること，水が氷になると体積が増えることについて学習している。

　ここでは，物質を加熱したり冷却したりすると状態が変化することを観察し，状態が変化する前後の体積や質量を比べる実験を行い，状態変化は物質が異なる物質に変化するのではなくその物質の状態が変化するものであることや，状態変化によって物質の体積は変化するが質量は変化しないことを見いださせ，粒子のモデルと関連付けて理解させることがねらいである。

　粒子のモデルと関連付けて扱う際には，状態変化によって粒子の運動の様子が変化していることにも触れる。

　なお，状態変化の様子を観察する際には，体積が変化することによって，容器の破損や破裂などの事故が起こらないように留意する。

㋑ 物質の融点と沸点について

　ここでは，物質は融点や沸点を境に状態が変化することや，融点や沸点は物質によって決まっていること，融点や沸点の測定により未知の物質を推定できることを理解させるとともに，混合物を加熱する実験を行い，沸点の違いを利用して混合物から物質を分離できることを見いだして理解させることがねらいである。

　純粋な物質では，状態が変化している間は温度が変化しないことにも触れる。また，沸点の違いを利用して混合物から物質を分離できることを見いださせるために，例えば，みりんや赤ワインなどの混合物からエタノールを分離する実験が考えられる。

　日常生活や社会と関連した例としては，沸点の違いを利用して石油から様々な物質を取り出していることなどを取り上げることが考えられる。

(3) 電流とその利用

> (3) 電流とその利用
> 　電流とその利用についての観察，実験などを通して，次の事項を身に付けることができるよう指導する。
> 　ア　電流，磁界に関する事物・現象を日常生活や社会と関連付けながら，次のことを理解するとともに，それらの観察，実験などに関する技能を身に付けること。
> 　イ　電流，磁界に関する現象について，見通しをもって解決する方法を立案して観察，実験などを行い，その結果を分析して解釈し，電流と電圧，電流の働き，静電気，電流と磁界の規則性や関係性を見いだして表現すること。

　小学校では，第3学年で「磁石の性質」，「電気の通り道」，第4学年で「電流の働き」，第5学年で「電流がつくる磁力」，第6学年で「電気の利用」など，電流の働きや磁石の性質について初歩的な学習をしている。

　ここでは，理科の見方・考え方を働かせ，電流とその利用についての観察，実験などを行い，電流，電流と磁界について日常生活や社会と関連付けながら理解させるとともに，それらの観察，実験などに関する技能を身に付けさせ，思考力，判断力，表現力等を育成することが主なねらいである。

　思考力，判断力，表現力等を育成するに当たっては，電流，磁界に関する現象について，見通しをもって課題を解決する方法を立案して観察，実験などを行い，その結果を分析して解釈し，電流と電圧，電流の働き，静電気，電流と磁界についての規則性や関係性を見いだして表現させることが大切である。その際，レポートの作成や発表を適宜行わせ，科学的な根拠に基づいて表現する力などを育成することも大切である。

> (ｱ) 電流
> 　㋐　回路と電流・電圧
> 　　回路をつくり，回路の電流や電圧を測定する実験を行い，回路の各点を流れる電流や各部に加わる電圧についての規則性を見いだして理解すること。
> 　㋑　電流・電圧と抵抗
> 　　金属線に加わる電圧と電流を測定する実験を行い，電圧と電流の関係を見いだして理解するとともに，金属線には電気抵抗があることを理解

すること。
ⓒ 電気とそのエネルギー
　電流によって熱や光などを発生させる実験を行い，熱や光などが取り出せること及び電力の違いによって発生する熱や光などの量に違いがあることを見いだして理解すること。
ⓓ 静電気と電流
　異なる物質同士をこすり合わせると静電気が起こり，帯電した物体間では空間を隔てて力が働くこと及び静電気と電流には関係があることを見いだして理解すること。

（内容の取扱い）

　ア　アの(ア)のⓐの「回路」については，直列及び並列の回路を取り上げ，それぞれについて二つの抵抗のつなぎ方を中心に扱うこと。
　イ　アの(ア)のⓑの「電気抵抗」については，物質の種類によって抵抗の値が異なることを扱うこと。また，二つの抵抗をつなぐ場合の合成抵抗にも触れること。
　ウ　アの(ア)のⓒについては，電力量も扱うこと。その際，熱量にも触れること。
　エ　アの(ア)のⓓについては，電流が電子の流れに関係していることを扱うこと。また，真空放電と関連付けながら放射線の性質と利用にも触れること。

　ここでは，回路の作成や電流計，電圧計，電源装置などの操作技能を身に付けさせ，電流に関する実験を行い，その結果を分析して解釈し，回路の電流や電圧の規則性を見いだし理解させることが主なねらいである。また，電力の違いによって発生する熱や光などの量に違いがあること，静電気と電流は関係があることなどを観察，実験を通して理解させることが主なねらいである。

ⓐ　回路と電流・電圧について

　小学校では，第3学年で，電気を通すつなぎ方と通さないつなぎ方があること，第4学年で，乾電池の数やつなぎ方を変えると豆電球の明るさやモーターの回り方が変わることについて学習している。
　ここでは，簡単な直列回路や並列回路における電流や電圧に関する規則性を，実験を通して見いださせ，回路の基本的な性質を理解させることがねらいである。
　例えば，豆電球などの抵抗及び電源装置を入れた簡単な回路をつくらせ，その

回路に流れる電流や抵抗に加わる電圧の測定などを行わせ，回路の作成の仕方，電流計や電圧計，電源装置などの基本的な操作技能を身に付けさせる。その上で，豆電球に流入する電流と流出する電流の大きさの関係を予想させ，それを調べる実験を計画して実行させ，その結果から規則性を見いだして表現させる活動などが考えられる。その際，測定器具はデジタル表示のものを使用することも考えられる。

さらに，二つの抵抗をつなぐ直列回路や並列回路などの簡単な回路の各点を流れる電流や各部に加わる電圧などを調べる実験を行い，その結果を分析して解釈し，電流や電圧に関する規則性を見いだして理解させる。

電流については，分岐点のない回路では回路のどの部分でも電流の大きさが等しいこと，分岐点のある回路では流入する電流の和と流出する電流の和が等しいこと，また，電圧については，抵抗を直列につないだ回路では各抵抗の両端の電圧の和が全抵抗の両端の電圧に等しいこと，抵抗を並列につないだ回路ではそれぞれの抵抗の両端の電圧は等しいことなど，それぞれの規則性を見いだして理解させる。

㋑　電流・電圧と抵抗について

小学校では，第3学年で，電気を通す物と通さない物があることについて学習している。

ここでは，金属線などに加える電圧と流れる電流を調べ，それらの関係を見いだし，電気抵抗について理解させることがねらいである。例えば，電熱線などの金属線を入れた回路で，金属線に加える電圧と流れる電流の大きさを調べる実験を行い，測定値をグラフ化し，結果を分析して解釈し，電圧と電流が比例関係にあることを見いだすとともに，いろいろな電熱線の測定結果を基に，金属線には電気抵抗があることを理解させる。その際，第1学年での「ばねに加える力の大きさとばねの伸びとの関係」の学習などと関連を図りながら，誤差の扱いやグラフ化など，測定値の処理の仕方を習得させることが大切である。また，物質の種類によって抵抗の値が異なることを扱う。

さらに，二つの抵抗を直列や並列につないだ場合について，その合成抵抗にも触れる。その際，合成抵抗については，直列つなぎ，並列つなぎにおける回路全体の電流と電圧から考えさせるようにする。

㋒　電気とそのエネルギーについて

小学校では，第4学年で，乾電池の数やつなぎ方を変えると，豆電球の明るさやモーターの回り方が変わること，第6学年で，電気は，光，音，熱，運動などに変換できることについて学習している。

ここでは，電流から熱や光などを取り出せること及び電力の違いによって発生

する熱や光などの量に違いがあることを見いださせ，日常生活や社会と関連付けて理解させることがねらいである。

　例えば，家庭で使用する電気ポット，発光ダイオード，豆電球，電子ブザー，あるいはモーターを用いた模型自動車などに電流を流す実験を行い，電流から熱や光，音を発生させたり他の物体の運動状態を変化させたりすることができることを見いだして理解させる。さらに，電力の違いによって発生する熱や光，音などの量や強さ，他の物体に及ぼす影響の程度に違いがあることを見いだして理解させる。その際，電力については，電流と電圧の積であり，単位はワット（記号W）で表され，1Vの電圧を加え1Aの電流を流したときの電力が1Wであることを理解させる。その上で，例えば，電熱線に電流を流し，同じ量の水の温度を上昇させる実験を行う。このとき，電熱線に加える電圧や電流を流す時間を変えたり，消費電力が異なる電熱線を用いたりして，発生する熱量を調べる実験を計画して行わせる。そして，その結果を分析して解釈し，水の温度上昇は電力と時間に関係することを見いだし，電力と時間の積である電力量を理解させる活動などが考えられる。電力量の単位はジュール（記号J）で表されることを扱い，発生する熱量も同じジュールで表されることや日常使われている電力量，熱量の単位にも触れる。さらに，電流によって熱や光，音などが発生したり，モーターなどで物体の運動状態を変化させたりすることができることから，電気がエネルギーをもっていることを理解させ，熱や光，音などがエネルギーの一形態であることにも触れる。

㋩　静電気と電流について

　ここでは，静電気の性質及び静電気と電流は関係があることを見いださせ，電流が電子の流れに関係していることを理解させることがねらいである。

　例えば，異なる物質同士をこすり合わせると静電気が起こること，帯電した物体間には空間を隔てて力が働き，その力には引力と斥力の2種類があることを見いだして理解させる。また，静電気によってネオン管などを短時間なら発光させられることなど，電流によって起こる現象と同じ現象が起こる実験を行い，静電気が電流と関係があることを見いだして理解させる。その際，例えば，静電気の性質により引き起こされる身近な現象や，電子コピー機など静電気を利用したものを取り上げて，静電気の性質について理解を深めることができるようにする。また，雷も静電気の放電現象の一種であることを取り上げ，高電圧発生装置（誘導コイルなど）の放電やクルックス管などの真空放電の観察から電子の存在を理解させ，電子の流れが電流に関係していることを理解させる。その際，真空放電と関連させてX線にも触れるとともに，X線と同じように透過性などの性質をもつ放射線が存在し，医療や製造業などで利用されていることにも触れる。

（イ）電流と磁界

㋐ 電流がつくる磁界

磁石や電流による磁界の観察を行い，磁界を磁力線で表すことを理解するとともに，コイルの回りに磁界ができることを知ること。

㋑ 磁界中の電流が受ける力

磁石とコイルを用いた実験を行い，磁界中のコイルに電流を流すと力が働くことを見いだして理解すること。

㋒ 電磁誘導と発電

磁石とコイルを用いた実験を行い，コイルや磁石を動かすことにより電流が得られることを見いだして理解するとともに，直流と交流の違いを理解すること。

（内容の取扱い）

オ アの（イ）の㋑については，電流の向きや磁界の向きを変えたときに力の向きが変わることを扱うこと。

カ アの（イ）の㋒については，コイルや磁石を動かす向きを変えたときに電流の向きが変わることを扱うこと。

ここでは，磁力の働く空間として磁界を取り上げ，磁界と磁力線との関係，電流の磁気作用に関する基本的な概念を観察，実験を通して理解させるとともに，電流が磁界との相互作用で受ける力や電磁誘導の現象などの観察，実験を行い，その結果を分析して解釈し，電流と磁界の関係性や規則性を見いだして理解させることが主なねらいである。その際，電流と磁界に関する観察，実験の技能を身に付けさせる。

㋐ 電流がつくる磁界について

小学校では，第５学年で，電流の流れているコイルは鉄心を磁化する働きがあること，電磁石の強さは電流の大きさや導線の巻き数によって変わることについて学習している。

ここでは，小学校での「磁石の性質」や「電流がつくる磁力」の学習と関連させながら，磁界を磁力線で表すことを理解させるとともに，電流がつくる磁界について理解させることがねらいである。

例えば，棒磁石や電流の流れているコイルの回りに鉄粉を撒（ま）き，そこにできる模様を観察させたり，方位磁針を幾つか置いて観察させたりして，磁石や電流が

流れているコイルの回りに磁界があることを理解させるとともに，磁界は磁力線で表されること及び磁石やコイルの回りの磁界の向きについて理解させる。このとき，電流の大きさによって磁界の強さが変わることや電流の向きを変えると磁界の向きも変わることを，実験を通して理解させる。

㋑ 磁界中の電流が受ける力について

　ここでは，磁界の中を流れる電流が磁界から力を受けることを，観察，実験を通して見いだして理解させることがねらいである。

　例えば，電気ブランコなどの実験を行い，電流が磁界から力を受けることを見いだして理解させる。また，電流の向きや磁界の向きを変えたときの電流が受ける力の向きの変化を調べる定性的な実験を行い，その結果を分析して解釈し，電流の向きや磁界の向きを変えると電流が受ける力の向きが変わることを見いだして理解させる。このとき，電流が磁界から力を受けることをモーターの原理と関連付けて考察させる。

　その際，簡単なモーターの製作などのものづくりを通して，電流と磁界について理解を深めさせることも考えられる。

㋒ 電磁誘導と発電について

　小学校では，第6学年で，手回し発電機などの実験を通して，電気はつくりだしたり蓄えたりすることができることについて学習している。

　ここでは，コイルと磁石の相互運動で誘導電流が得られることを観察，実験を通して見いだして理解させること，及び直流と交流の違いを理解させることがねらいである。

　例えば，コイル，磁石及び検流計などを用いて，磁石又はコイルを動かすことにより，コイルに誘導電流が流れること，磁石又はコイルを動かす向きや磁極を変えることにより誘導電流の向きが変わることを見いだして理解させる。その際，磁石又はコイルを動かす速さ，磁石の強さ，コイルの巻数などの条件を変えて実験を行い，その結果を分析して解釈し，誘導電流の大きさとの関係を見いだして理解させることも考えられる。

　日常生活や社会では，発電機などで誘導電流を発生させ利用していることを取り上げるとともに，例えば，オシロスコープや発光ダイオードなどを用いて，直流と交流の違いを理解させる。さらに，例えば，二つの手回し発電機をつなぎ一方を回転させると，他方がモーターとして働くことから，発電機とモーターとを相互に関連付けて捉えさせる。

(4) 化学変化と原子・分子

(4) 化学変化と原子・分子

化学変化についての観察，実験などを通して，次の事項を身に付けることができるよう指導する。

ア　化学変化を原子や分子のモデルと関連付けながら，次のことを理解するとともに，それらの観察，実験などに関する技能を身に付けること。

イ　化学変化について，見通しをもって解決する方法を立案して観察，実験などを行い，原子や分子と関連付けてその結果を分析して解釈し，化学変化における物質の変化やその量的な関係を見いだして表現すること。

小学校では，第6学年で「燃焼の仕組み」について学習している。また，中学校では，第1学年で「(2) 身の回りの物質」について学習している。

ここでは，理科の見方・考え方を働かせ，化学変化についての観察，実験などを行い，化学変化における物質の変化やその量的な関係について，原子や分子のモデルと関連付けて微視的に捉えさせて理解させるとともに，それらの観察，実験などに関する技能を身に付けさせ，思考力，判断力，表現力等を育成することが主なねらいである。

思考力，判断力，表現力等を育成するに当たっては，化学変化について見通しをもって課題を解決する方法を立案して観察，実験などを行い，原子や分子と関連付けてその結果を分析して解釈し，化学変化における物質の変化やその量的な関係を見いだして表現させるようにすることが大切である。その際，レポートの作成や発表を適宜行わせ，科学的な根拠に基づいて表現する力などを育成するとともに，化学変化が日常生活に役立っていることに気付かせることも大切である。

なお，化学変化の実験の基礎的な操作を習得させるとともに，観察，実験に当たっては，保護眼鏡の着用などによる安全性の確保及び試薬や廃棄物の適切な取扱いに十分留意する。

(ｱ) 物質の成り立ち

㋐ 物質の分解

物質を分解する実験を行い，分解して生成した物質は元の物質とは異なることを見いだして理解すること。

㋑ 原子・分子

物質は原子や分子からできていることを理解するとともに，物質を構

成する原子の種類は記号で表されることを知ること。

（内容の取扱い）

ア　アの(ｱ)の㋑の「物質を構成する原子の種類」を元素ということにも触れること。また，「記号」については，元素記号で表されることにも触れ，基礎的なものを取り上げること。その際，周期表を用いて多くの種類が存在することにも触れること。

ここでは，物質を分解する実験を行い，得られた結果を分析して解釈し，1種類の物質から2種類以上の元の物質とは異なる物質が生成することを見いださせ，物質は何からできているかについて考えさせるとともに，物質は原子や分子からできていることを理解させることが主なねらいである。

なお，「(2) 身の回りの物質」で学習した物質の調べ方や物質の性質を活用できるようにすることが大切である。

㋐　物質の分解について

「(2) 身の回りの物質」では，物質を加熱したときの変化には固有の性質と共通の性質があることを学習している。

ここでは，熱を加えたり電流を流したりすることによって物質を分解する実験を行い，根拠を基に分析して解釈し，1種類の物質から2種類以上の元の物質とは異なる物質が生成することを見いだして理解させることがねらいである。

化合物を分解する実験を通して，分解する前の物質と分解によって生成した物質の性質を比較して，性質が違うことから異なる物質が生成したことを見いだして理解させる。例えば，熱によって物質を分解する実験では，変化の様子が明確なものとして酸化銀を扱うことなどが考えられる。また，日常生活との関連があるものとして，炭酸水素ナトリウムを扱うことなどが考えられる。電流を流すことによって物質を分解する実験では，水を扱うことなどが考えられる。

㋑　原子・分子について

「(2) 身の回りの物質」では，水溶液や状態変化を粒子のモデルと関連付けて学習している。

ここでは，物質を構成している単位として原子や分子があることを理解させ，物質の種類の違いは原子の種類の違いとその組合せによること及び原子や分子は記号で表されることを理解させることがねらいである。なお，「原子の種類」は元素，「記号」は元素記号を示している。

例えば，原子の初歩的な概念を導入し，原子は質量をもった非常に小さな粒子

として取り扱う。また，分子については，幾つかの原子が結び付いて一つのまとまりになったものであることを扱う。なお，元素については，周期表を用いて金属や非金属など多くの種類が存在することに触れる。物質やその変化を記述したり理解したりするために，世界共通の元素記号を用いることが有効であることに気付かせる。元素記号としては，基礎的なものとして，H，He，C，N，O，S，Cl，Na，Mg，Al，Si，K，Ca，Fe，Cu，Zn，Ag，Ba，Au など，その後の学習でよく使用するものを取り上げる。

(イ) 化学変化

　㋐　化学変化

　　2種類の物質を反応させる実験を行い，反応前とは異なる物質が生成することを見いだして理解するとともに，化学変化は原子や分子のモデルで説明できること，化合物の組成は化学式で表されること及び化学変化は化学反応式で表されることを理解すること。

　㋑　化学変化における酸化と還元

　　酸化や還元の実験を行い，酸化や還元は酸素が関係する反応であることを見いだして理解すること。

　㋒　化学変化と熱

　　化学変化によって熱を取り出す実験を行い，化学変化には熱の出入りが伴うことを見いだして理解すること。

(内容の取扱い)

　イ　アの(イ)の㋐の「化学式」及び「化学反応式」については，簡単なものを扱うこと。
　ウ　アの(イ)の㋑の「酸化や還元」については，簡単なものを扱うこと。

　ここでは，物質同士が結び付く反応の実験及び酸化や還元の実験を行い，得られた結果を分析して解釈し，2種類以上の物質が結び付いて反応前とは異なる物質が生成する反応があることや，酸化や還元は酸素の関係する反応であること，化学変化では熱の出入りが伴うことを見いだして理解させるとともに，化学変化を原子や分子のモデルと関連付けて理解させることが主なねらいである。

㋐　化学変化について

　ここでは，2種類の物質同士が結び付く反応の実験を行い，反応前とは異なる物質が生成することを見いださせ，化学変化は原子や分子のモデルで説明できる

こと及び化合物の組成は化学式で，化学変化は化学反応式で表されることを理解させることがねらいである。

例えば，金属が酸素や硫黄と結び付く反応のように，反応前後の物質の色や形状などの違いが明確なものを取り上げる。また，物質同士が結び付いて生成した物質の性質を調べる方法を考えさせる際には，「(2) 身の回りの物質」で学習したことを活用させるようにする。なお，硫黄を用いた実験では有害な気体が発生することもあるので，適切な実験の方法や条件を確認するとともに，理科室内の換気に十分注意する。

次に，物質同士が結び付く反応と，「(ｱ) 物質の成り立ち」で学習した分解における化学変化を，原子や分子のモデルを用いて考察させ，微視的に事物・現象を捉えさせるようにする。その際，模型を用いるなどして目に見えない原子や分子をイメージしやすいように工夫することが考えられる。

また，化合物の組成は化学式で，化学変化は化学反応式で表されること，化学変化の前後では原子の組合せが変わることを理解させる。その際，化学式や化学反応式は世界共通であることや，化学変化を化学反応式で表すことは化学変化に関係する原子や分子の種類や数を捉える上で有効であることにも気付かせることが考えられる。なお，化学式や化学反応式については，簡単なものとして，観察，実験などで実際に扱う物質や化学変化で構成する原子の数が少ないものを取り扱う。

㋑ 化学変化における酸化と還元について

小学校では，第６学年で，植物体が燃えるときには，空気中の酸素が使われて二酸化炭素ができることを学習している。

ここでは，物質の酸化や還元の実験を行い，酸化や還元は酸素が関係する反応であることを見いだして理解させることがねらいである。

例えば，金属を酸化したり金属の酸化物を還元したりして生成する物質を調べる実験を行い，酸化と還元は酸素をやりとりする逆向きの反応であることに気付かせて理解させる。その際，酸化や還元の反応を原子や分子のモデルを用いて考察させ，反応の前後では原子の組合せが変わることに気付かせることが大切である。

また，日常生活や社会と関連した例として，酸化では金属がさびることなど，還元では鉄鉱石から鉄を取り出して利用していることなどを扱うことが考えられる。なお，酸化や還元の反応については，簡単なものとして，構成する原子の数が少ないものを取り扱う。

㋒ 化学変化と熱について

ここでは，化学変化によって熱を取り出す実験を行い，化学変化には熱の出入

りが伴うことを見いだして理解させることがねらいである。

　ここで行う実験としては，例えば，アルコールの燃焼やカイロなど，日常生活や社会で利用されているものを取り上げて学習に対する生徒の興味・関心を高め，科学を学ぶ有用性に気付くことのできるように配慮するとともに，鉄粉の酸化を利用したカイロを生徒につくらせるなど，ものづくりを通して化学変化による発熱についての理解を深めるようにすることが考えられる。

　化学変化による発熱については，例えば，エタノールなどを燃焼させると発熱すること，都市ガスやプロパンガスなどの有機物を燃焼し発生させた熱は調理や暖房などに利用されていることを理解させる。また，塩化アンモニウムと水酸化バリウムの反応のように，化学変化により吸熱する場合があることにも触れる。

(ｳ) 化学変化と物質の質量

　㋐ 化学変化と質量の保存

　　化学変化の前後における物質の質量を測定する実験を行い，反応物の質量の総和と生成物の質量の総和が等しいことを見いだして理解すること。

　㋑ 質量変化の規則性

　　化学変化に関係する物質の質量を測定する実験を行い，反応する物質の質量の間には一定の関係があることを見いだして理解すること。

　ここでは，化学変化の前後における物質の質量や化学変化に関係する物質の質量について，見通しをもって，解決方法を立案して実験を行い，得られた結果を分析して解釈し，化学変化の前後で物質の質量の総和が等しいこと及び反応する物質の質量の間には一定の関係があることの二つの規則性を見いだして理解させることが主なねらいである。

　なお，量的な関係を見いだして理解させるため，測定値の誤差をできるだけ小さくするように注意深く実験することや，誤差を踏まえた上で実験結果を考察することなど，定量的な実験における方法を習得させるようにする。

㋐　**化学変化と質量の保存について**

　「(2) 身の回りの物質」では，状態変化によって物質の質量は変化しないことを学習している。

　ここでは，化学変化の前後における物質の質量を測定する実験を行い，反応の前と後で物質の質量の総和が等しいことを見いだして理解させることがねらいである。

　取り上げる実験としては，反応が起きたことが捉えやすく質量を測定しやすい

ものがよい。例えば,沈殿を生じる反応や気体が発生する反応が考えられる。気体が発生する反応では,開いた系と閉じた系における物質の質量を測定し,これらの結果の違いから,生じた気体の質量も合わせて測定しないと質量の総和が等しくならないことに気付かせる。

　なお,気体の発生する実験では,保護眼鏡の着用による安全性を確保するとともに,適切な実験器具と試薬の量によって事故防止に留意する。

㋑　質量変化の規則性について

　ここでは,化学変化に関係する物質の質量を測定する実験を行い,反応する物質の質量の間には,一定の関係があることを見いだして理解させることがねらいである。

　ここで見いだして理解させる「一定の関係」とは,一定の質量の物質に反応する他方の物質の質量には限度があり,その限度の質量は一方の質量に比例することである。このことから,互いに反応する物質の質量の比が一定であるという量的な関係を見いださせる。例えば,一定の質量の銅やマグネシウムなどの金属に反応する酸素の質量には限度があることから,金属の質量と結び付く酸素の質量との関係を調べる実験について,見通しをもって解決する方法を立案して,実験を行い,得られた結果をグラフ化することを通して分析して解釈し規則性を見いだして,表現させるようにする。この際,金属の質量と反応する酸素の質量のグラフから金属と酸素が一定の割合で反応することを見いださせるとともに原子や分子のモデルと関連付けて微視的に事物・現象を捉えて表現させるようにする。

(5) 運動とエネルギー

(5) 運動とエネルギー

物体の運動とエネルギーについての観察，実験などを通して，次の事項を身に付けることができるよう指導する。

ア　物体の運動とエネルギーを日常生活や社会と関連付けながら，次のことを理解するとともに，それらの観察，実験などに関する技能を身に付けること。

イ　運動とエネルギーについて，見通しをもって観察，実験などを行い，その結果を分析して解釈し，力のつり合い，合成や分解，物体の運動，力学的エネルギーの規則性や関係性を見いだして表現すること。また，探究の過程を振り返ること。

小学校では，第5学年で「振り子の運動」について学習している。

また，中学校では，第1学年の「(1) 身近な物理現象」で力の基本的な働きや2力のつり合い，第2学年の「第2分野 (4) 気象とその変化」で圧力や大気圧について学習している。

ここでは，理科の見方・考え方を働かせて，物体の運動とエネルギーについての観察，実験などを行い，力，圧力，仕事，エネルギーについて日常生活や社会と関連付けながら理解させるとともに，それらの観察，実験などに関する技能を身に付けさせ，思考力，判断力，表現力等を育成することが主なねらいである。

思考力，判断力，表現力等を育成するに当たっては，運動とエネルギーについて，見通しをもって観察，実験などを行い，その結果を分析して解釈し，力のつり合いと合成・分解，物体の運動，力学的エネルギーについての規則性や関係性を見いだし表現するとともに，探究の過程を振り返らせることが大切である。その際，レポートの作成や発表を適宜行わせることも大切である。

なお，観察，実験で得られる測定結果を処理する際には，測定値には誤差が必ず含まれていることや，誤差を踏まえた上で規則性を見いださせるよう，表やグラフを活用しながら指導することが大切である。

(ｱ) 力のつり合いと合成・分解

㋐　水中の物体に働く力

水圧についての実験を行い，その結果を水の重さと関連付けて理解すること。また，水中にある物体には浮力が働くことを知ること。

㋑　力の合成・分解

> 力の合成と分解についての実験を行い，合力や分力の規則性を理解すること。

（内容の取扱い）

> ア　アの(ｱ)の㋐については，水中にある物体には，あらゆる向きから圧力が働くことにも触れること。また，物体に働く水圧と浮力との定性的な関係にも触れること。

　ここでは，水中の物体に働く力，力の合成・分解について，見通しをもって観察，実験を行い，その結果を分析して解釈し，水中で圧力が働くことや物体に働く水圧と浮力との定性的な関係を理解し，合力や分力の規則性を見いだして理解させるとともに，力のつり合いと合成・分解に関する観察，実験の技能を身に付けさせることが主なねらいである。

㋐　**水中の物体に働く力について**

　「(1) 身近な物理現象」では，力がつり合うときの条件について，「第2分野(4) 気象とその変化」では，圧力は力の大きさと面積に関係があることについて学習している。

　ここでは，水圧に関する実験を行い，大気圧の学習と関連付けて水中では水圧が働くことを理解させるとともに，水中にある物体には浮力が働くことを理解させることがねらいである。

　水圧については，観察，実験を通して，それが水の重さによることを関連付けて理解させる。また，水中にある物体にはあらゆる向きに圧力が働くことに触れる。例えば，ゴム膜を張った円筒を水中に沈める実験を行い，深いところほどゴム膜のへこみが大きくなることから，水圧と水の深さに関係があることを捉えさせることが考えられる。このとき，ゴム膜の上にある水がゴム膜に力を及ぼしており，水圧は水の重さによって生じていることを理解させる。また，ゴム膜の向きを変えたときのへこみ方から，水圧があらゆる向きに働いていることにも気付かせるようにする。

　浮力については，例えば，ばねばかりにつるした物体を水中に沈めると，ばねばかりの示す値が小さくなることなどから，浮力が働くことを理解させる。このとき，浮力を，例えば水中にある直方体や円柱などの物体の上面と下面の水圧の差から定性的に捉えさせる。

㋑　**力の合成・分解について**

　ここでは，力の合成と分解についての実験を行い，その結果を分析して解釈し，

力の合成と分解の規則性を理解させることがねらいである。その際，2力のつり合いの条件を基にして，力の合成と分解についての実験を行い，合力や分力の間の規則性を理解させる。例えば，ばねなどを同じ長さだけ伸ばす実験を1つの力や2つの力で行い，1つの力と同じ働きをする2力があることに気付かせる。その上で，ばねの力とつり合う他の2力のそれぞれの大きさと向きを調べさせ，その結果を，作図を用いて分析して解釈し，2力の合成について理解させる。さらに，力の合成の考え方とは逆に，1つの力と同じ働きをする2つの力を考えることができることから，1つの力は向きの異なる2つの力に分解できることを理解させる。

この学習では，日常生活で目にする事物・現象と関連させながら様々な力が働いていることに気付かせるようにすることが大切である。

(イ) 運動の規則性

　㋐　運動の速さと向き
　　物体の運動についての観察，実験を行い，運動には速さと向きがあることを知ること。
　㋑　力と運動
　　物体に力が働く運動及び力が働かない運動についての観察，実験を行い，力が働く運動では運動の向きや時間の経過に伴って物体の速さが変わること及び力が働かない運動では物体は等速直線運動することを見いだして理解すること。

（内容の取扱い）

　イ　アの(イ)の㋐については，物体に力が働くとき反対向きにも力が働くことにも触れること。
　ウ　アの(イ)の㋑の「力が働く運動」のうち，落下運動については斜面に沿った運動を中心に扱うこと。その際，斜面の角度が90度になったときに自由落下になることにも触れること。「物体の速さが変わること」については，定性的に扱うこと。

ここでは，物体の運動に関する現象について，日常生活や社会と関連付けながら，見通しをもって観察，実験を行い，その結果を分析して解釈し，物体に働く力と物体の運動の様子，物体に力が働くときの運動と働かないときの運動についての規則性を見いだして理解させることが主なねらいである。その際，力と運動

に関する観察，実験の技能を身に付けさせる。

㋐ 運動の速さと向きについて

「(1) 身近な物理現象」で，力の働きによって運動の様子が変わることについて学習している。

ここでは，物体の運動の様子を詳しく観察し，物体の運動には速さと向きの要素があることを理解させることがねらいである。

例えば，日常生活の中で見られる物体の多様な運動の観察を通して，物体の運動には速さと向きの要素があることを理解させる。このとき，振り子，放物運動をする物体，車などの物体の運動について，デジタルカメラで連続撮影した画像，ストロボ写真で撮影した画像，録画した動画のコマ送り画像を提示するなど，映像などを活用することによって，より効果的に生徒の理解を促す工夫をすることも考えられる。

その際，物体に働く力と物体が運動することに関連して，力は物体同士の相互作用であることに気付かせ，物体に力を加えると力が働き返されることを日常生活や社会の経験と関連付けて理解させる。例えば，ローラースケートを履いた人同士で，一人がもう一人に力を働かせると二人とも動き出すことなどの体験と関連させ，互いに力が働き合うことに気付かせることも考えられる。その際，作用・反作用の働きについて触れる。

㋑ 力と運動について

ここでは，運動の様子を記録する方法を習得させるとともに，物体に力が働くときの運動と働かないときの運動についての規則性を見いだして理解させることがねらいである。

例えば，力学台車などを滑らかな水平面上で運動させ，一定の大きさの力を水平に加え続けたときの運動と力を加えないときの運動を比較する。また，加える力の大きさをいろいろと変えたときの運動の様子を予想して実験を行い，その結果を分析して解釈し，加える力が大きいほど速さの変わり方も大きいことを理解させる。それらの運動を，記録タイマーで記録したテープから単位時間当たりの移動距離を読み取らせ，結果を表やグラフにして，それらを用いて分析して解釈し，「時間と速さ」の関係や「時間と移動距離」の関係の規則性を見いだして理解させる。そして，物体に力を加え続けたときには，時間の経過に伴って物体の速さが変わることを理解させる。このとき，課題に対して実験方法や考察が妥当であるか検討したり，新たな問題を見いだしたりするなど探究の過程を振り返らせることが考えられる。

一方，物体に力が働かないときには，運動している物体は等速直線運動を続け，静止している物体は静止をし続ける性質があること，すなわち，慣性の法則を理

解させる。

落下運動については，斜面に沿った台車の運動を中心に調べ，斜面上の台車の運動と斜面上を動く台車に働く力の大きさについて，実験を計画して行い，その結果を分析して解釈する活動が考えられる。その際，一定の力を加え続けた場合の水平面上の物体の運動と比較するなど探究の過程を振り返らせることも考えられる。また，斜面の角度が90度の場合は自由落下となり，速さの変わり方が最も大きくなることについても触れる。

なお，運動の変化の様子については，記録タイマーなどによる測定結果の考察だけでなく，物体の運動の様子を直接観察したり，録画した映像で確認したりして，その傾向を捉えさせる。

(ｳ) 力学的エネルギー

[ア] 仕事とエネルギー

仕事に関する実験を行い，仕事と仕事率について理解すること。また，衝突の実験を行い，物体のもつ力学的エネルギーは物体が他の物体になしうる仕事で測れることを理解すること。

[イ] 力学的エネルギーの保存

力学的エネルギーに関する実験を行い，運動エネルギーと位置エネルギーが相互に移り変わることを見いだして理解するとともに，力学的エネルギーの総量が保存されることを理解すること。

（内容の取扱い）

エ　アの(ｳ)の[ア]については，仕事の原理にも触れること。

オ　アの(ｳ)の[イ]については，摩擦にも触れること。

ここでは，力学的な仕事の定義を基に，仕事とエネルギー，力学的エネルギーに関する現象について，日常生活や社会と関連付けながら，見通しをもって観察，実験を行い，その結果を分析して解釈し，仕事とエネルギーの関係，位置エネルギーと運動エネルギーの互換性，力学的エネルギーの保存性を見いだして理解させることが主なねらいである。その際，衝突の実験で測定される力学的エネルギーを量的に扱うことができることを理解させるとともに，力学的エネルギーに関する観察，実験の技能を身に付けさせる。

[ア] 仕事とエネルギーについて

ここでは，仕事に関する実験を行い，日常の体験などと関連させながら力学的

な仕事を定義し，単位時間当たりの仕事として仕事率を理解させる。また，外部に対して仕事をできるものは，その状態においてエネルギーをもっていることを，各種の実験を通して理解させることがねらいである。

例えば，物体を重力に逆らって持ち上げる仕事をさせ，物体に加えた力の大きさとその向きに動かした距離の積として仕事は定量的に定義できることを理解させる。さらに，単位時間に行う仕事の量として仕事率を理解させる。仕事の単位としてジュール（記号Ｊ）を用い，関連する単位や日常用いられる単位にも触れる。そして，例えば，てこや滑車などを挙げながら，道具を用いて仕事をするとき，加えた力より大きい力を外部に出すことはできるが，道具に与えた仕事以上の仕事を外部にすることはできないという仕事の原理にも触れる。

また，例えば，高いところにあるおもりや，引き伸ばされたばね，運動している物体は，他の物体に仕事をすることができることから，エネルギーをもっていることを理解させるとともに，力学的エネルギーには，位置エネルギーと運動エネルギーがあることを理解させる。

位置エネルギーについては，例えば，物体を鉛直方向に落下させる衝突実験を行い，高いところにある物体ほど，また，質量が大きいほど，大きなエネルギーをもっていることを理解させる。運動エネルギーについては，例えば，水平面上を動く物体の衝突実験を行い，物体の質量が大きいほど，速さが速いほど，大きなエネルギーをもっていることを理解させる。その際，物体の高さや質量，速さなどの条件を制御して実験を行い，その結果を分析して解釈し，その規則性を見いだして理解させるようにする。

㋑ 力学的エネルギーの保存について

ここでは，力学的エネルギーに関する実験を行い，運動エネルギーと位置エネルギーが相互に移り変わることを見いださせ，摩擦力が働かない場合には力学的エネルギーの総量が保存されることを理解させることがねらいである。

例えば，振り子の運動の様子を観察させ，物体の位置が低くなるに従って物体の運動は徐々に速くなること，最下点を過ぎて物体の位置が高くなるに従って物体の運動は遅くなることから，位置エネルギーと運動エネルギーとは相互に移り変わることに気付かせ，力学的エネルギーは保存されることを理解させる。

また，実際の物体の運動では，摩擦力や空気の抵抗などが働くことに触れ，力学的エネルギー以外の音や熱などに変わり，力学的エネルギーは保存されないことを日常生活や社会と関連付けて理解させる。

(6) 化学変化とイオン

> (6) 化学変化とイオン
> 　化学変化についての観察，実験などを通して，次の事項を身に付けることができるよう指導する。
> 　ア　化学変化をイオンのモデルと関連付けながら，次のことを理解するとともに，それらの観察，実験などに関する技能を身に付けること。
> 　イ　化学変化について，見通しをもって観察，実験などを行い，イオンと関連付けてその結果を分析して解釈し，化学変化における規則性や関係性を見いだして表現すること。また，探究の過程を振り返ること。

　小学校では，第6学年で「水溶液の性質」について学習している。また，中学校では，第1学年で「(2) 身の回りの物質」，第2学年で「(3) 電流とその利用」と「(4) 化学変化と原子・分子」について学習している。

　ここでは，理科の見方・考え方を働かせて，水溶液の電気的な性質，酸とアルカリ，イオンへのなりやすさについての観察，実験などを行い，水溶液の電気伝導性，中和反応，電池の仕組みについて，イオンのモデルと関連付けて微視的に捉えさせて理解させ，それらの観察，実験などに関する技能を身に付けさせるとともに，思考力，判断力，表現力等を育成することが主なねらいである。

　思考力，判断力，表現力等を育成するに当たっては，化学変化について見通しをもって観察，実験などを行い，イオンと関連付けてその結果を分析して解釈し，化学変化における規則性や関係性を見いだして表現するとともに，探究の過程を振り返らせることができるようにすることが大切である。その際，レポートの作成や発表を適宜行わせることも大切である。

　また，ここで扱う事象は理科室の中だけで起こっているものではなく，日常生活や社会の中で見られることに気付かせ，物質や化学変化に対する興味・関心を高めるようにするとともに，これまで学んだことと関連付けながら身の回りの物質や事象を捉えることが大切である。

　なお，観察，実験に当たっては，保護眼鏡の着用などによる安全性の確保及び試薬や廃棄物の適切な取扱いに十分留意する。

> (ア) 水溶液とイオン
> 　㋐　原子の成り立ちとイオン
> 　　水溶液に電圧をかけ電流を流す実験を行い，水溶液には電流が流れるものと流れないものとがあることを見いだして理解すること。また，電

解質水溶液に電圧をかけ電流を流す実験を行い，電極に物質が生成することからイオンの存在を知るとともに，イオンの生成が原子の成り立ちに関係することを知ること。

㋑ 酸・アルカリ

酸とアルカリの性質を調べる実験を行い，酸とアルカリのそれぞれの特性が水素イオンと水酸化物イオンによることを知ること。

㋒ 中和と塩

中和反応の実験を行い，酸とアルカリを混ぜると水と塩が生成することを理解すること。

（内容の取扱い）

ア アの(ｱ)の㋐の「原子の成り立ち」については，原子が電子と原子核からできていることを扱うこと。その際，原子核が陽子と中性子でできていることや，同じ元素でも中性子の数が異なる原子があることにも触れること。また「イオン」については，化学式で表されることにも触れること。

イ アの(ｱ)の㋑については，pH にも触れること。

ウ アの(ｱ)の㋒については，水に溶ける塩と水に溶けない塩があることにも触れること。

ここでは，様々な水溶液に適切な電圧をかけ，水溶液の電気伝導性や電極に生成する物質を調べる観察，実験や酸とアルカリの性質を調べる観察，実験及び中和反応の観察，実験を行い，その結果を分析して解釈し，イオンの存在やその生成が原子の成り立ちに関係することを理解させるとともに，酸とアルカリの特性や中和反応をイオンのモデルと関連付けて理解させることが主なねらいである。

㋐ 原子の成り立ちとイオンについて

「(4) 化学変化と原子・分子」では，物質が原子や分子でできていることを学習している。また，「(3) 電流とその利用」では，電流が電子の流れに関係していることを学習している。

ここでは，水溶液の電気伝導性を調べる実験を行い，溶けている物質には電解質と非電解質があることを見いださせるとともに，電解質水溶液に適切な電圧をかけ電流を流す実験を行い，陽極と陰極でそれぞれ決まった物質が生成することに気付かせ，イオンの存在やその生成が原子の成り立ちに関係することを理解させることがねらいである。

例えば，砂糖や食塩など身近な物質の水溶液や，うすい塩酸やうすい水酸化ナトリウム水溶液，塩化銅水溶液などに炭素電極を入れ，適切な電圧をかけ電流を流す実験を行い，水溶液には電流が流れるものと流れないものがあることを実験から見いださせ，水溶液に溶けていた物質を電解質と非電解質に分類できることを理解させる。また，現象を捉えやすい電解質水溶液として，うすい塩酸や塩化銅水溶液などに適切な電圧をかけ電流を流す実験を行い，陽極と陰極に決まった物質が生成することに着目させ，電解質の水溶液中に電気を帯びた粒子が存在することを理解させ，イオンの概念を形成させる。また，イオンの生成と関連して，原子は電子と原子核からできていることを扱う。その際，原子核は陽子と中性子からできていること，同じ元素でも中性子の数が異なる原子があることにも触れる。

　なお，イオンは化学式で表されることに触れる。

㋑　酸・アルカリについて

　小学校では，第６学年で，水溶液には酸性，アルカリ性，中性のものがあること，金属を変化させる水溶液があることについて学習している。

　ここでは，酸とアルカリの水溶液の特性を調べる実験を行い，酸とアルカリそれぞれに共通する性質を見いださせるとともに，その性質が水素イオンと水酸化物イオンによることを理解させることがねらいである。

　例えば，「(7)㋐　原子の成り立ちとイオン」と関連させながら，酸やアルカリの性質が何に関係しているかということについて見通しをもたせ，酸やアルカリの水溶液を中央部分に染み込ませたろ紙などに適切な電圧をかけ，指示薬の色の変化を観察することにより，酸やアルカリの性質とイオンとの関係を見いだして理解させる。また，酸性やアルカリ性の強さを表す指標として，pHを取り上げ，pH 7が中性であり，7より小さくなるほど酸性が強く，7より大きくなるほどアルカリ性が強いことに触れる。その際，日常生活における物質に対する興味・関心を高めるため，身の回りの物質のpHを測定するなどの実験を行うことが考えられる。

㋒　中和と塩について

　ここでは，中和反応の実験を行い，中和反応によって水と塩が生成することをイオンのモデルと関連付けて理解させることがねらいである。

　例えば，うすい塩酸とうすい水酸化ナトリウム水溶液を中和させる実験を行い，中性になった液を蒸発乾固させると塩化ナトリウムの結晶が生じることを理解させる。塩酸と水酸化ナトリウム水溶液をイオンのモデルで表し，中和反応においては水素イオンと水酸化物イオンから水が生じることにより酸とアルカリがお互いの性質を打ち消し合うことや，塩化物イオンとナトリウムイオンから塩化

ナトリウムという塩が生じることをイオンのモデルを用いて考察させ理解させる。その際，中性にならなくても中和反応は起きていることにも触れる。また，酸とアルカリの組合せにより，塩化ナトリウムのように水に溶ける塩のほか，硫酸バリウムのような水に溶けない塩が生じることにも触れる。

日常生活や社会と関連した例としては，土壌の改良などに中和が利用されていることを取り上げることが考えられる。

(ｲ) 化学変化と電池

㋐ 金属イオン

金属を電解質水溶液に入れる実験を行い，金属によってイオンへのなりやすさが異なることを見いだして理解すること。

㋑ 化学変化と電池

電解質水溶液と２種類の金属などを用いた実験を行い，電池の基本的な仕組みを理解するとともに，化学エネルギーが電気エネルギーに変換されていることを知ること。

（内容の取扱い）

エ アの(ｲ)の㋐の「金属イオン」については，基礎的なものを扱うこと。

オ アの(ｲ)の㋑の「電池」については，電極で起こる反応をイオンのモデルと関連付けて扱うこと。その際，「電池の基本的な仕組み」については，ダニエル電池を取り上げること。また，日常生活や社会で利用されている代表的な電池にも触れること。

ここでは，電解質水溶液と金属の化学変化の観察，実験を行い，その結果を分析して解釈し，金属の種類によってイオンへのなりやすさが異なること，電池においては，電極における電子の授受によって外部に電流を取り出していること，化学エネルギーが電気エネルギーに変換されていることを理解させることが主なねらいである。

㋐ 金属イオンについて

小学校では，第６学年で，金属を変化させる水溶液があることを学習している。

ここでは，金属を電解質水溶液に入れる実験を行い，化学変化において電子の授受が行われていることや，金属の種類によってイオンへのなりやすさが異なることを，イオンのモデルと関連付けて理解させることがねらいである。

金属を電解質水溶液中で反応させる実験を行い，イオンのモデルと関連付けて

理解させるとともに，金属の種類に着目して問題を見いだすことが考えられる。

例えば，金属を電解質水溶液に入れる実験を行い，金属が水溶液に溶けたり水溶液中の金属イオンが金属として出てきたりすることなどを見いだし，イオンのモデルと関連させて理解させることが考えられる。その上で，3種類程度の金属とその金属の塩の水溶液を用いてイオンへのなりやすさを比較する実験を計画し，見通しをもって観察，実験を行うことが考えられる。これまでの化学変化に関する学習の過程を踏まえて，イオンのモデルと関連付けて考えたり，得られた結果を表にまとめて分析したりして，金属のイオンへのなりやすさが異なることについて根拠を示して表現するとともに，探究の過程を振り返ることが考えられる。具体的には，考察が課題と対応しているか，根拠を基に結論を導いているか，他の物質ではどうなるかといった新たな問題を見いだしているかなどが考えられる。

また「㋑　化学変化と電池」の「電池の基本的な仕組み」の理解に必要な基礎的な金属イオンを扱うことに留意する。

なお，生徒に実験を計画させる際には，事前に実験方法や安全性を確認することに留意する。

㋑　化学変化と電池について

「(3) 電流とその利用」では，電流が電子の流れに関係していること，熱や光などが取り出せることを学習している。

ここでは，電解質水溶液と2種類の金属などを用いて電池をつくる実験を行い，電極に接続した外部の回路に電流が流れることを見いださせるとともに，電極における変化にイオンが関係していること，電池においては化学エネルギーが電気エネルギーに変換されていることを理解させることがねらいである。

実用的な電池の例としてダニエル電池を取り上げ，例えば，その製作を行う。その際，硫酸亜鉛水溶液，硫酸銅水溶液，亜鉛板，銅板を用いて回路を形成すると，電圧が生じて電池になることを実験で確かめさせることなどが考えられる。また，金属のイオンへのなりやすさが異なることと電子の移動する向きを関連させながら，電池の電極における変化についてイオンのモデルを用いて表現させることを通して，電極で生じた電子が回路に電流として流れることを理解させる。

日常生活や社会では，乾電池，鉛蓄電池，燃料電池など，様々な電池が使われていることに触れる。

(7) 科学技術と人間

> (7) 科学技術と人間
> 　科学技術と人間との関わりについての観察,実験などを通して,次の事項を身に付けることができるよう指導する。
> 　ア　日常生活や社会と関連付けながら,次のことを理解するとともに,それらの観察,実験などに関する技能を身に付けること。
> 　イ　日常生活や社会で使われているエネルギーや物質について,見通しをもって観察,実験などを行い,その結果を分析して解釈するとともに,自然環境の保全と科学技術の利用の在り方について,科学的に考察して判断すること。

　中学校第1分野では,第1学年で「(2) 身の回りの物質」,第2学年で「(3) 電流とその利用」と「(4) 化学変化と原子・分子」,第3学年で「(5) 運動とエネルギー」と「(6) 化学変化とイオン」など,物質とエネルギーについて学習している。

　ここでは,理科の見方・考え方を働かせて,エネルギーや物質に関する観察,実験などを行い,その結果を分析して解釈し,日常生活や社会と関連付けながら,エネルギーや物質についての理解を深め,エネルギー資源や物質を有効に利用することが重要であることを認識させることが主なねらいである。また,科学技術の発展の過程や科学技術が人間生活に貢献していることについての認識を深めさせ,思考力,判断力,表現力等を育成することが主なねらいである。

　思考力,判断力,表現力等を育成するに当たっては,自然環境の保全と科学技術の利用の在り方について多面的,総合的に捉え,科学的に考察して判断させるようにすることが大切である。その際,話合いやレポートの作成,発表を適宜行わせるようにする。

　なお,「(イ) 自然環境の保全と科学技術の利用」の学習は,第2分野の「(7) 自然と人間」と関連付けて総合的に行い,自然環境の保全と科学技術の利用の在り方について科学的に考えさせ,持続可能な社会をつくっていくことが重要であることを認識させる。

> (ア) エネルギーと物質
> 　㋐　エネルギーとエネルギー資源
> 　　　様々なエネルギーとその変換に関する観察,実験などを通して,日常生活や社会では様々なエネルギーの変換を利用していることを見いだし

て理解すること。また，人間は，水力，火力，原子力，太陽光などからエネルギーを得ていることを知るとともに，エネルギー資源の有効な利用が大切であることを認識すること。

⦆ 様々な物質とその利用

物質に関する観察，実験などを通して，日常生活や社会では，様々な物質が幅広く利用されていることを理解するとともに，物質の有効な利用が大切であることを認識すること。

⦆ 科学技術の発展

科学技術の発展の過程を知るとともに，科学技術が人間の生活を豊かで便利にしていることを認識すること。

（内容の取扱い）

ア　アの(ア)の⦆については，熱の伝わり方，放射線にも触れること。また，「エネルギーの変換」については，その総量が保存されること及びエネルギーを利用する際の効率も扱うこと。

イ　アの(ア)の⦆の「様々な物質」については，天然の物質や人工的につくられた物質のうち代表的なものを扱うこと。その際，プラスチックの性質にも触れること。

ここでは，生活の中では様々なエネルギーを変換して利用しており，エネルギーの変換の前後でエネルギーの総量は保存されること，変換の際に一部のエネルギーは利用目的以外のエネルギーに変換されること，エネルギー資源の安定な確保と有効利用が重要であることを認識させること，天然の物質や人工的につくられた物質が幅広く利用されていることを理解させ，それらの有効な利用が大切であることを日常生活や社会と関連付けて認識させることが主なねらいである。また，具体的な事例を通して科学技術の発展の過程や現代における状況を理解させるとともに，様々な科学技術の利用によって人間の生活を豊かで便利にしていることを認識させることが主なねらいである。

⦆ エネルギーとエネルギー資源について

第2学年では，電気がエネルギーをもつこと，放射線が透過性などの性質をもつこと，化学変化には熱の出入りが伴うこと，第3学年では，運動エネルギーと位置エネルギーが相互に移り変わること，化学エネルギーが電気エネルギーに変換されていることについて学習している。

ここでは，これらの学習と関連を図りながらエネルギー変換に関する観察，実

験などを行い，日常生活や社会では様々なエネルギーを変換して利用していることを，エネルギーの保存や利用する際のエネルギーの効率と関連させながら見いだして理解させる。

また，様々なエネルギー資源の利用について，人間が水力，火力，原子力，太陽光など多様な方法でエネルギーを得ていることをエネルギー資源の特性やエネルギー変換の方法と関連付けて理解させることがねらいである。また，エネルギーを有効，安全に利用することの重要性を認識させることがねらいである。

エネルギー変換については，例えば，模型用のモーターを発電機として利用し，様々な方法で軸を回転させて発電させたり，太陽電池（光電池）に光を当てて発電させたりして，その電気で光や音，熱などを発生させる実験を行い，それぞれの現象をエネルギーの変換という視点から捉えさせ，日常生活や社会ではエネルギーを適宜変換して利用していることを見いだして理解させる。これらを基に，様々な形態のエネルギーが相互に変換されることや，変換の前後でエネルギーの総量は保存されることを理解させる。

例えば，糸につけたおもりを模型用モーターで引き上げる実験や，模型用モーターを利用し糸につけたおもりを落下させて発電させる実験を行い，電力量と仕事や位置エネルギーを比較する。また，その結果を分析して解釈し，エネルギーの総量は保存しながらも，エネルギーの一部が利用目的以外のエネルギーとなることを理解させるとともに，利用効率を高める方法を考えさせる活動などが考えられる。

熱の伝わり方については，具体的な体験や身の回りの器具と関連させながら，伝導や対流，放射があることに触れる。

エネルギー資源の利用については，日常生活や社会で利用している石油や天然ガス，太陽光など，エネルギー資源の種類や入手方法，水力，火力，原子力，太陽光などによる発電の仕組みやそれぞれの特徴について理解させる。その際，原子力発電では，ウランなどの核燃料からエネルギーを取り出していることに触れる。放射線については，核燃料から出ていたり，自然界にも存在し，地中や空気中の物質から出ていたり，宇宙から降り注いでいたりすることなどにも触れる。東日本大震災以降，社会において，放射線に対する不安が生じたり，関心が高まったりする中，理科においては，放射線について科学的に理解することが重要であり，放射線に関する学習を通して，生徒たちが自ら思考し，判断する力を育成することにもつながると考えられる。その際，他教科等との関連を図り，学習を展開していくことも考えられる。

また，日本はエネルギー資源が乏しく，それらの安定した確保が大きな課題であること，化石燃料には長い年月の間に太陽から放射されたエネルギーが蓄えら

れていること，その大量使用が環境に負荷を与えたり，地球温暖化を促進したりすることなどから，省エネルギーの必要性を認識させ，エネルギーを有効に利用しようとする態度を育てる。その際，脱炭素社会の実現について取り上げることも考えられる。

さらに，今後，環境への負荷がなるべく小さいエネルギー資源の開発と利用が課題であることを認識させるとともに，風力，地熱，バイオマスなどのエネルギー資源の利用，燃料電池や新たなエネルギーの開発の現状や課題についても触れる。

㋑ 様々な物質とその利用について

第2学年では，物質は原子や分子からできていること，物質の種類の違いは元素の違いとその組合せによることを学習している。

ここでは，これらの学習と関連を図りながら，物質に関する観察，実験を行い，日常生活や社会では様々な物質が幅広く利用されていることを理解させる。また，物質を再利用するなど物質の有効な利用が大切であることを認識させることがねらいである。

天然の物質をそのまま用いていた時代から，これらに加え，人工的につくられた物質を利用する時代に変わってきたことなど，物質の変遷を取り上げ，使用目的や用途に応じた機能を備えた素材が開発され，日常生活や社会に役立ってきたことを理解させるとともに，物質を再利用するなど物質の有効な利用が大切であることを認識させる。

物質に関する観察，実験などとして，例えば，プラスチックの性質を調べること，天然繊維と合成繊維の性質を調べること，石けんや合成洗剤の性質を調べることなどが考えられる。その上で，木材，絹など天然の物質とプラスチック，合成繊維など人工的につくられた物質を取り上げ，日常生活や社会で，幅広く利用されて私たちの豊かな生活を支えていることを理解させる。その際，プラスチックに関しては，その性質，用途などについて触れる。例えば，ポリエチレン（PE）ではつくりに触れ，ポリエチレンテレフタラート（PET）では有効な利用について触れることなどが考えられる。

㋒ 科学技術の発展について

ここでは，具体例を通して科学技術の発展の過程や現代の状況について理解させるとともに，科学技術が人間の生活を豊かで便利にしていることを認識させることがねらいである。

例えば，科学技術が著しく発展した産業革命から現代までを中心に取り上げ，化石燃料のエネルギーを利用して連続的に大きな力を取り出すことができる蒸気機関が発明され，産業革命が起こり，工業が急速に進歩したことなどを理解させる。さらに，現代の科学技術の発展の状況を調べさせることも考えられる。

このような科学技術の発展により，現代社会では豊かで便利な生活を送ることができるようになっていることやこれからの科学技術の可能性を理解させる。例えば，資源やエネルギー資源の有効利用，防災，医療，農林水産業，工業，交通及び通信などに科学技術が役立っている平易な例について調べさせたり，ナノテクノロジー，人工知能，ロボット，宇宙開発，深海探査など最新の科学技術を調べさせたりすることが考えられる。コンピュータや情報通信ネットワークなどを利用したり，施設などを見学したりして情報を集め，整理してまとめさせたり，発表させたりすることが大切である。

学習を進める上では，科学技術の発展を振り返りながら，科学技術の有用性と活用の在り方について考えさせ，これからの科学技術の発展の方向性について，具体的な例を挙げ，科学的な根拠を基に検討させる。

その際，科学技術の負の側面にも触れながら，それらの解決を図る上で科学技術の発展が重要であることにも気付かせる。

(ｲ) 自然環境の保全と科学技術の利用

㋐ 自然環境の保全と科学技術の利用

自然環境の保全と科学技術の利用の在り方について科学的に考察することを通して，持続可能な社会をつくることが重要であることを認識すること。

（内容の取扱い）

ウ アの(ｲ)の㋐については，これまでの第1分野と第2分野の学習を生かし，第2分野の内容の(7)のアの(ｲ)の㋐及びイと関連付けて総合的に扱うこと。

ここでは，第1分野と第2分野の学習を生かし，科学技術の発展と人間生活との関わり方，自然と人間の関わり方について多面的，総合的に捉えさせ，自然環境の保全と科学技術の利用の在り方について科学的に考察させ，持続可能な社会をつくっていくことが重要であることを認識させることがねらいである。

このねらいを達成するため，中学校最後の学習として，第2分野(7)のア(ｲ)㋐と併せて扱い，科学的な根拠に基づいて意思決定させる場面を設けることが大切である。

㋐ 自然環境の保全と科学技術の利用について

ここでは，私たちの日常生活や社会は，科学技術に依存している一方で，科学

技術の利用が自然環境に対し影響を与え，自然環境を変化させていることを理解させる。その際，エネルギー資源など，私たちの生活を支えるための利用可能な資源は有限であることに気付かせる。さらに，限られた資源の中で自然環境との調和を図りながら，持続可能な社会を築いていくことが課題であることを認識させる。

第１分野及び第２分野の学習を踏まえ，科学技術の利用と自然環境の保全に関わる事柄を取り上げ，例えば，次のようなテーマを生徒に選択させることが考えられる。

・再生可能エネルギーの利用と環境への影響
・エネルギー資源や様々な物質の利用とその課題
・水資源の利用と環境への影響
・生物資源の利用と自然環境の保全

このようなテーマで課題を設定させ，調査等に基づいて，自らの考えをレポートなどにまとめさせたり，発表や討論をさせたりする。調査の際には，課題を解決するための情報を収集するために，図書館，博物館などの社会教育施設や，情報通信ネットワークなどを活用することが考えられる。

指導に当たっては，設定したテーマについて科学技術の利用と自然環境の保全に注目させ，科学的な根拠に基づいて意思決定させる場面を設けることが大切である。例えば，意思決定を行う場面では，資源の利用は私たちの生活を豊かにする一方で環境破壊を引き起こすなど，同時には成立しにくい事柄を幾つか提示し，多面的な視点に立って様々な解決策を考えさせたり，それを根拠とともに発表させたりすることなどが考えられる。

（内容の取扱い）

> 内容の(1)から(7)までについては，それぞれのアに示す知識及び技能とイに示す思考力，判断力，表現力等とを相互に関連させながら，３年間を通じて科学的に探究するために必要な資質・能力の育成を目指すものとする。
> 内容の(1)から(7)までのうち，(1)及び(2)は第１学年，(3)及び(4)は第２学年，(5)から(7)までは第３学年で取り扱うものとする。

それぞれの内容については，アに示す知識及び技能とイに示す思考力，判断力，表現力等とを相互に関連させながら，身に付けるよう指導することを示している。なお，学びに向かう力，人間性等は第１分野の目標の(3)に沿って育成するものとする。ここでは，３年間を通じて科学的に探究するために必要な資質・

能力の育成を目指すことを示している。

　また,学習の内容の順序に関する規定については,従前と同様,各学年に標準的な内容を示すこととした。これは,地域の特性などを生かした学習ができるようにするためであり,中学校理科の第1分野と第2分野の内容の系統性に配慮し学習の全体を見通して指導計画を作成し指導を行うことが重要である。

[第2分野]

1　第2分野の目標

> 生命や地球に関する事物・現象を科学的に探究するために必要な資質・能力を次のとおり育成することを目指す。

第2分野の目標は，第1分野の目標と同様に，教科の目標を受けて示しているものであり，第2分野の特質に即して，ねらいをより具体的に述べている。

第2分野の目標(1)は，教科の目標の「自然の事物・現象についての理解を深め，科学的に探究するために必要な観察，実験などに関する基本的な技能を身に付けるようにする」を受けて，生命や地球に関する観察，実験などを行い，それらの事物・現象について理解するとともに，科学的に探究するために必要な観察，実験などに関する基本的な技能を身に付けるというねらいを示している。

目標(2)は，教科の目標の「観察，実験などを行い，科学的に探究する力を養う」を受けて，小学校で身に付けた問題を見いだす力や根拠のある予想や仮説を発想する力などを発展させ，生命や地球に関する事物・現象について多様性に気付くとともに規則性を見いだしたり，課題を解決したりする方法を身に付け，思考力，判断力，表現力等を養うというねらいを示している。

目標(3)は，教科の目標の「自然の事物・現象に進んで関わり，科学的に探究しようとする態度を養う」を受けて，生命や地球に関する自然の事物・現象に進んで関わり，自然を科学的に探究する活動を行い，科学的に探究しようとする態度を養うとともに，生命を尊重し，自然環境の保全に寄与する態度を育て，自然を総合的に見ることができるようにするというねらいを示している。

> (1) 生命や地球に関する事物・現象についての観察，実験などを行い，生物の体のつくりと働き，生命の連続性，大地の成り立ちと変化，気象とその変化，地球と宇宙などについて理解するとともに，科学的に探究するために必要な観察，実験などに関する基本的な技能を身に付けるようにする。

この目標は，第2分野の学習の対象が，生命や地球に関する事物・現象であることを示すとともに，生命や地球に関する観察，実験などを行い，それらの事物・現象について理解するとともに，科学的に探究するために必要な観察，実験などに関する基本的な技能を身に付けることがねらいであることを示している。ここ

では,「いろいろな生物とその共通点」,「生物の体のつくりと働き」,「生命の連続性」,「大地の成り立ちと変化」,「気象とその変化」,「地球と宇宙」など,「生命」や「地球」についての科学の基本的な概念等を柱として内容を構成している。

「生命」を柱とする領域では,生物や生物現象についての観察,実験などを行うことを通して,それらの事物・現象に対する基本的な知識を身に付けるとともに,科学的に探究するために必要な観察,実験などに関する基本的な技能を身に付けることがねらいである。ここでは,小学校での学習につなげて,いろいろな生物とその共通点,生物の体のつくりと働き,生命の連続性に関して内容の系統性を重視し,科学的に探究する活動を通して,科学的な知識や基本的な概念が獲得されるようにしている。

「地球」を柱とする領域では,地球に関する事物・現象についての観察,実験などを行うことを通して,それらの事物・現象に対する基本的な知識を身に付けるとともに,科学的に探究するために必要な観察,実験などに関する基本的な技能を身に付けることがねらいである。ここでは,小学校での学習につなげて,火山及び地震,地層,気象,天体などに関して内容の系統性を重視し,科学的に探究する活動を通して,科学的な知識や基本的な概念が獲得されるようにしている。

---

(2) 生命や地球に関する事物・現象に関わり,それらの中に問題を見いだし見通しをもって観察,実験などを行い,その結果を分析して解釈し表現するなど,科学的に探究する活動を通して,多様性に気付くとともに規則性を見いだしたり課題を解決したりする力を養う。

この目標は,生命や地球に関する事物・現象に対して関わり,科学的に探究する活動を通して,多様性に気付くとともに規則性を見いだしたり課題を解決したりする力を養うことがねらいであることを示している。

第2分野においても,第1分野と同様に,生徒自身が問題を見いだし,自ら進んで探究する活動を行い,分析して解釈することを通して,共通性や多様性に気付くとともに,規則性や関係性を見いだしたり,課題を解決したりするように方向付けることが大切である。

一方,第2分野の特徴として,再現したり実験したりすることが困難な事物・現象を扱うことがある。例えば,生物体に見られる複雑な物質の相互関係から生じる現象や長大な時間の経過に伴う生物の進化,及び日常の経験を超えた時間と空間の中で生じる地質や天体の現象は,授業の限られた条件の中で再現することは難しい。このような自然の事物・現象は,数量化が困難であったり,仮説の検証が十分に行えないものがあったりする。自然の事物・現象を科学的に探究する

活動では，観察したり資料を調べたりして情報を収集し，そこから考察することなどに重点が置かれることになる。その際，映像やモデルの活用なども考えられる。直接経験やそれらに準ずる学習活動も含めて，科学的に探究することが重要である。

こうした第2分野の特徴も踏まえて，自然を概観し，事象を比較して検討を行い，共通性と多様性，規則性や関係性を見いだすことにより，その事象と周囲の事象との関係を分析して解釈するなど思考力，判断力，表現力等を育成することが重要である。その際，表やグラフの作成，モデルの活用，コンピュータなどICTの活用，レポートの作成や発表を行うことなどが大切である。

> (3) 生命や地球に関する事物・現象に進んで関わり，科学的に探究しようとする態度と，生命を尊重し，自然環境の保全に寄与する態度を養うとともに，自然を総合的に見ることができるようにする。

この目標は，生命や地球に関する事物・現象について進んで関わり，観察，実験などを行い，科学的に探究しようとする態度を養うとともに，生命を尊重し，自然環境の保全に寄与する態度を養うこと，及び自然と人間との関わりを認識して，自然を総合的に見ることができるようにすることがねらいであることを示している。

生命や地球に関する事物・現象について，生徒が進んで関わり，それらの事物・現象に対する気付きから問題を見いだして解決しようとする態度や，それらの事物・現象の理解が深まることによって新たな問題を見いだそうとする態度など，科学的に探究しようとする態度を養うことが大切である。

その際，理科の学習で得た知識及び技能を活用して，生命や地球に関する自然の事物・現象を総合的に見たり考えたりしようとする態度を身に付けさせることが重要である。

また，生命や地球に関する自然の事物・現象を調べる観察，実験などを行い，生命現象が精妙な仕組みに支えられていることに気付かせて生命尊重の態度を養うとともに，地球の営みとして地学的な自然現象が起こることや，生物が互いに関わり合いながら地学的な自然と一体となって自然界を構成し，全体としてつり合いが保たれていることを理解させ，自然に対する畏敬の念を育てる。

さらに，自然の恵みや災害を取り扱い，人は自然から多大な恩恵を受けている一方で，災害がもたらされる場合もあることや，人間の活動も自然環境に多大な影響を与えることを認識させることによって，自然環境の保全に寄与する態度が育成されるものと考えられる。

このような学習を通して，自然と人間が調和した持続可能な社会をつくっていくために，科学的な根拠に基づいて意思決定ができるよう指導することが大切である。

2 第2分野の内容

以下に示す内容は，アとして知識及び技能，イとして思考力，判断力，表現力等を身に付けるよう指導することを示している。なお，学びに向かう力，人間性等は第2分野の目標の(3)を適用する。

(1) いろいろな生物とその共通点

> (1) いろいろな生物とその共通点
>   身近な生物についての観察，実験などを通して，次の事項を身に付けることができるよう指導する。
> ア　いろいろな生物の共通点と相違点に着目しながら，次のことを理解するとともに，それらの観察，実験などに関する技能を身に付けること。
> イ　身近な生物についての観察，実験などを通して，いろいろな生物の共通点や相違点を見いだすとともに，生物を分類するための観点や基準を見いだして表現すること。

小学校では，第3学年で「身の回りの生物」，第4学年で「人の体のつくりと運動」，「季節と生物」，第5学年で「植物の発芽，成長，結実」，第6学年で「人の体のつくりと働き」，「植物の養分と水の通り道」について学習している。

ここでは，理科の見方・考え方を働かせ，身近な生物についての観察，実験などを行い，いろいろな生物の特徴を見いだして生物の体の基本的なつくりを理解させるとともに，見いだした特徴に基づいて生物を分類するための技能を身に付けさせ，思考力，判断力，表現力等を育成することが主なねらいである。

思考力，判断力，表現力等を育成するに当たっては，いろいろな生物の共通点や相違点を見いだし，それを基にして分類するなどして，問題を見いだし見通しをもって整理する力を養うことが重要である。さらに，生物を分類するための観点や基準を見いだして表現させることが大切である。その際，話合いや，レポートの作成，発表を適宜行わせることも大切である。

また，生物の生活や特徴に関する観察の機会を意識的に設け，興味・関心を高めるようにする。

なお，ここでの分類は，主として観察などによって見いだすことができる体のつくりを基準にして行われることに留意する。また，体の働きに関する内容については「(3) 生物の体のつくりと働き」において，進化に関する内容については「(5) 生命の連続性」において扱われることに留意する。

(ｱ) 生物の観察と分類の仕方

㋐ 生物の観察

校庭や学校周辺の生物の観察を行い，いろいろな生物が様々な場所で生活していることを見いだして理解するとともに，観察器具の操作，観察記録の仕方などの技能を身に付けること。

㋑ 生物の特徴と分類の仕方

いろいろな生物を比較して見いだした共通点や相違点を基にして分類できることを理解するとともに，分類の仕方の基礎を身に付けること。

（内容の取扱い）

ア アの(ｱ)の㋐については，身近な生物の観察を扱うが，ルーペや双眼実体顕微鏡などを用いて，外見から観察できる体のつくりを中心に扱うこと。

ここでは，様々な環境の中にそれぞれ特徴のある生物が生活していることを見いださせるとともに，適切な観察器具の扱い方や観察記録の取り方などを身に付けさせる。さらに，観察した生物などを比較して見いだした様々な共通点や相違点を基にして，生物が分類できることを理解させるとともに，分類の仕方の基礎的な技能を身に付けさせることが主なねらいである。なお，身近な生物を観察することにより，生物に対する興味・関心を高めるようにすることが大切である。

㋐ 生物の観察について

小学校では，動物では昆虫，植物では種子植物について，また，動物の活動や植物の成長と季節の変化について学習している。

ここでは，個々の生物の体のつくりや生活を観察し，生物の特徴を見いだすための観察の方法の基礎を養うとともに，様々な環境の中でそれぞれ特徴のある生物が生活していることを見いだして理解させることがねらいである。例えば，大きさ，色，形，生活場所の環境などに注目させて生物の特徴を見いださせることなどが考えられる。観察する生物の対象として，食材として扱われている生物や水中の小さな生物などを用いることも考えられる。また，観察器具の使い方に加えて，スケッチの仕方や観察記録の取り方を身に付けさせる。ここで行った観察記録は「(ｲ) 生物の体の共通点と相違点」の学習で活用することが考えられる。

ここでは，生物に関する学習の導入として，身近な生物の観察を行い，生物に対する興味・関心を高める。

㋑ 生物の特徴と分類の仕方について

　小学校では,生物は色,形,大きさなど,姿に違いがあること,昆虫の成虫の体は頭,胸及び腹からできていること,植物の体は根,茎及び葉からできていること,動物の誕生について学習している。

　ここでは,いろいろな生物を比較して見いだした共通点や相違点を相互に関係付けて分類できることを理解させることがねらいである。

　いろいろな生物を分類するためには,見いだした共通点や相違点などを基に,分類するための観点を選び,基準を設定することが必要であることを理解させる。また,この観点や基準を変えると,分類の結果が変わることがあることを見いださせ,幾つかの分類の結果を比較することを通して,生物の分類の仕方に関する基礎を身に付けさせる。

　例えば,親しみのある20種類程度の生物を挙げさせて,これらの生物が生息している場所や,活動的な季節,色,形,大きさなどの姿,殖え方,栄養分のとり方などの特徴に基づいた観点で分類の基準を考えさせる。生息している場所を観点とした場合には,水中や陸上などを基準として設定することが考えられる。その後,別の生物を当てはめ,用いた観点や基準で分類できるかどうかを考えさせたり,他の観点や基準を検討させたりすることなどが考えられる。その際,分類の結果を分かりやすく表現させるようにする。これらの学習活動では,話合いや発表を適宜行わせることにより,思考力,判断力,表現力等を育成することが大切である。

　なお,ここでの分類は,観察及び資料等から見いだした観点や基準を基にして行わせるものとし,目的に応じて多様な分類の仕方があり,分類することの意味に気付かせるような学習活動を設定することが重要であり,学問としての生物の系統分類を理解させることではないことに留意する。

(イ) 生物の体の共通点と相違点
　㋐　植物の体の共通点と相違点
　　　身近な植物の外部形態の観察を行い,その観察記録などに基づいて,共通点や相違点があることを見いだして,植物の体の基本的なつくりを理解すること。また,その共通点や相違点に基づいて植物が分類できることを見いだして理解すること。
　㋑　動物の体の共通点と相違点
　　　身近な動物の外部形態の観察を行い,その観察記録などに基づいて,共通点や相違点があることを見いだして,動物の体の基本的なつくりを理解すること。また,その共通点や相違点に基づいて動物が分類できる

　　　　ことを見いだして理解すること。

（内容の取扱い）

　　イ　アの(イ)の㋐については，花のつくりを中心に扱い，種子植物が被子
　　　植物と裸子植物に分類できることを扱うこと。その際，胚珠が種子にな
　　　ることにも触れること。また，被子植物が単子葉類と双子葉類に分類で
　　　きることについては，葉のつくりを中心に扱うこと。なお，種子をつく
　　　らない植物が胞子をつくることにも触れること。
　　ウ　アの(イ)の㋑については，脊椎動物と無脊椎動物の違いを中心に扱う
　　　こと。脊椎動物については，ヒトや魚を例に，体のつくりの共通点とし
　　　ての背骨の存在について扱うこと。また，体の表面の様子や呼吸の仕方
　　　などの特徴を基準として分類できることを扱うこと。無脊椎動物につい
　　　ては，節足動物や軟体動物の観察を行い，それらの動物と脊椎動物の体
　　　のつくりの特徴を比較し，その共通点と相違点を扱うこと。

　ここでは，身近な植物と動物の外部形態の観察を行い，その観察記録などに基づいて，植物と動物にいろいろな共通点や相違点があることを見いださせ，それぞれの体の基本的なつくりを理解させること，及び共通点や相違点に基づいて植物と動物がそれぞれ分類できることを見いだして理解させることが主なねらいである。その際，身近な生物の観察記録に加え，図鑑や情報通信ネットワークを活用して調べさせることなどが考えられる。

　また，これらの学習を通して，自然界には様々な生物が生存していることに気付かせるとともに，生命を尊重する態度を育てることが大切である。

㋐　植物の体の共通点と相違点について

　小学校では，第3学年で，植物の体は根，茎及び葉からできていること，第5学年で花にはおしべやめしべなどがあり，花粉がめしべの先に付くとめしべのもとが実になり，実の中に種子ができることを学習している。また，第6学年で植物の養分と水の通り道について学習している。

　ここでは，幾つかの植物の外部形態の観察を行い，その観察記録などに基づいて，植物にいろいろな共通点や相違点があることを見いださせ，植物の体の基本的なつくりを理解させるとともに，その共通点や相違点に基づいて植物を分類できることを見いだして理解させることがねらいである。

　被子植物の花（両性花）を幾つか観察させ，そのつくりの共通点と相違点を見いださせ，花の基本的なつくりについて理解させる。花のつくりについては，花

の中心から，めしべ，おしべ，花弁，がく（がく片）の順に構成されていることを理解させる。また，めしべは柱頭，花柱，子房の3部分から成り立っていること，おしべにはやくがあることを理解させる。その際，胚珠が種子になることに触れる。なお，花粉の発芽や受精については「(5)生命の連続性」で扱う。さらに，葉脈の形状，芽生えの様子，根の様子に関する共通点や相違点から，被子植物が単子葉類と双子葉類に分類できることを理解させる。さらに，マツなどの裸子植物の花を観察させて被子植物と比較して相違点を見いださせ，種子植物が被子植物と裸子植物に分類できることを理解させる。種子をつくらない植物については胞子をつくることに触れる。

共通点や相違点に基づいて植物を分類できることを見いだして理解させる際には，例えば，同じ種類の植物であれば生育する場所などによって形や大きさに違いがあっても，花のつくりや葉脈の形状などに共通点があることに気付かせる。また，それらの共通点に基づいた分類表や検索表などを作らせ，その表を用いて，未知の植物がどの仲間に分類できるかを考えさせることなどが考えられる。

これらの学習を通して，植物に対する興味・関心を高め，植物を観察するときにどのような点に注目すればよいかを考える力を身に付けさせることが大切である。

㋑ 動物の体の共通点と相違点について

小学校では，第3学年で，昆虫の育ち方には一定の順序があること，また，成虫の体は頭，胸及び腹からできていること，第4学年で人の体には骨と筋肉があること，第6学年で人や他の動物について，体のつくりと呼吸，消化，排出及び循環の働きを学習している。

ここでは，動物の外部形態の観察を行い，その観察記録などに基づいて，動物にいろいろな共通点や相違点があることを見いださせ，動物の体の基本的なつくりを理解させるとともに，その共通点や相違点に基づいて分類できることを見いだして理解させることがねらいである。

様々な動物が，背骨の存在を基準とすると，脊椎動物と無脊椎動物に分類できることを理解させる。その際，例えば，魚の干物や煮干し，エビ，貝など入手しやすい食材などを用いて，背骨の有無について観察して比較させることが考えられる。

脊椎動物については，体の表面の様子，呼吸の仕方，生活場所，運動の器官，子の生まれ方などの特徴を分類の観点や基準とすると，五つの仲間（魚類，両生類，爬虫類，鳥類，哺乳類）に分類できることを理解させる。さらに，哺乳類には肉食性のものや草食性のものなどがあり，体のつくりに相違点が見られることについて，骨格標本などを活用して気付かせることなども考えられる。その際，

分類の観点や基準について，話合いや発表を適宜行わせることなどが考えられる。

　無脊椎動物については，体のつくりの特徴に基づいて分類される幾つかの仲間が存在することを，節足動物，軟体動物を中心に理解させる。その際，昆虫，エビ，イカなどの外部形態について観察させたり，調べた資料を基に比較させたりすることが考えられる。節足動物については，昆虫類や甲殻類などを例に，体が外骨格で覆われていて，節のあるあしをもっているという共通点があることなどを理解させる。また，軟体動物については，貝やイカなどを例に，節足動物とは異なってあしには節がないことや，水中生活をしているものが多いことなどを理解させる。また，無脊椎動物には，他にもミミズ，ウニやヒトデなど，様々なものが存在することについても触れる。

　共通点や相違点に基づいて動物を分類できることを見いだして理解させる際には，例えば，幾つかの共通点や相違点を基に分類表や検索表などを作らせ，その表を用いて，未知の動物がどの仲間に分類できるかを考えさせることなどが考えられる。

　これらの学習を通して，動物に対する興味・関心を高め，動物を観察するときにどのような点に注目すればよいかを考える力を身に付けさせることが大切である。

(2) 大地の成り立ちと変化

> (2) 大地の成り立ちと変化
> 　大地の成り立ちと変化についての観察，実験などを通して，次の事項を身に付けることができるよう指導する。
> 　ア　大地の成り立ちと変化を地表に見られる様々な事物・現象と関連付けながら，次のことを理解するとともに，それらの観察，実験などに関する技能を身に付けること。
> 　イ　大地の成り立ちと変化について，問題を見いだし見通しをもって観察，実験などを行い，地層の重なり方や広がり方の規則性，地下のマグマの性質と火山の形との関係性などを見いだして表現すること。

　小学校では，第4学年で「雨水の行方と地面の様子」，第5学年で「流れる水の働きと土地の変化」，第6学年で「土地のつくりと変化」について学習している。

　ここでは，理科の見方・考え方を働かせ，大地の成り立ちと変化についての観察，実験などを行い，地層や火山，地震について理解させるとともに，それらの観察，実験などに関する技能を身に付けさせ，思考力，判断力，表現力等を育成することが主なねらいである。

　思考力，判断力，表現力等を育成するに当たっては，大地の成り立ちと変化について，問題を見いだし見通しをもって観察，実験などを行い，その結果を分析して解釈し，地層の重なり方や広がり方の規則性や，地下のマグマの性質と火山の形との関係性などを見いだして表現させることが大切である。その際，レポートの作成や発表を適宜行わせることも大切である。

　また，大地の成り立ちと変化に関する学習を進める際には，身近な地域の実態に合わせて地形や地層，岩石などの観察の機会を設け，興味・関心を高めるようにする。

　なお，地層及びその構成物，火山，地震等の現象が互いに関連していることを捉えさせ，大地の成り立ちと変化について，総合的に見ることができるようにすることが重要である。

> (ア) 身近な地形や地層，岩石の観察
> 　㋐　身近な地形や地層，岩石の観察
> 　　身近な地形や地層，岩石などの観察を通して，土地の成り立ちや広がり，構成物などについて理解するとともに，観察器具の操作，記録の仕方などの技能を身に付けること。

(内容の取扱い)

> ア　アの(ｱ)の㋐の「身近な地形や地層，岩石などの観察」については，学校内外の地形や地層，岩石などを観察する活動とすること。

ここでは，小学校での既習事項を想起させて，地形や，その地形をつくる地層，岩石などを観察させることを通して問題を見いださせ，身近な土地の成り立ちや広がりを理解させるとともに，その構成物の種類，粒の大きさや形などを調べるための観察器具の操作や記録の仕方などの技能を身に付けさせることが主なねらいである。

㋐　**身近な地形や地層，岩石の観察について**

小学校では，第4学年で，水は高い場所から低い場所へと流れて集まること，第5学年で，水の働きによって侵食，運搬，堆積が起こること，第6学年で，土地は礫，砂，泥，火山灰などからできていること，層をつくって広がっているものがあること，流れる水の働きでできた岩石として，礫岩，砂岩，泥岩を学習している。

ここでは，各学校の実態に応じて身近な地形や地層，岩石などを観察する。例えば，地域の地形や露頭の観察を行ったり，ボーリングコアや博物館の標本などを活用したりするなどして，地層の構成物の違いなどに気付かせ，地層の広がりなどについての問題を見いだし，学校内外の土地の成り立ちや広がり，構成物などについて理解させる。その際，地形や地層，岩石の観察器具の基本的な扱い方や観察方法と，観察記録の仕方を身に付けさせる。なお，ここでの観察記録は，「(ｲ) 地層の重なりと過去の様子」や「(ｳ) 火山と地震」の学習で活用することが考えられる。

身近な地形や地層，岩石などの観察に当たっては，事前，事後の指導も含めて年間指導計画の中に位置付け，計画的に実施する。また，安全にも十分配慮し，自然環境の保全に寄与する態度を養うという観点から，岩石などの採取は必要最小限にするように指導する。

> (ｲ) 地層の重なりと過去の様子
> 　㋐　地層の重なりと過去の様子
> 　　　地層の様子やその構成物などから地層のでき方を考察し，重なり方や広がり方についての規則性を見いだして理解するとともに，地層とその中の化石を手掛かりとして過去の環境と地質年代を推定できることを理解すること。

（内容の取扱い）

イ　アの(ｲ)の㋐については，地層を形成している代表的な堆積岩も取り上げること。「地層」については，断層，褶曲にも触れること。「化石」については，示相化石及び示準化石を取り上げること。「地質年代」の区分は，古生代，中生代，新生代を取り上げること。

ここでは，野外の観察記録などを基に，地層のでき方を考察して，地層の重なり方や広がり方についての規則性を見いだして理解させたり，地層を構成する岩石や産出する化石などから，地層が堆積した環境と生成された年代を推定できることを理解させたりすることがねらいである。

㋐　地層の重なりと過去の様子について

ここでは，地形や地層，岩石などの観察などに基づいて地層の重なり方の規則性を扱い，地層のでき方を時間的な変化と関連付けて理解させるようにする。その際，野外の観察記録と地層が形成されるモデル実験の結果とを関連付けて考察させることも考えられる。

地層の広がり方の規則性については，例えば，離れた地点の幾つかの地層や剥離標本を比較したり，地域のボーリングコアなどを活用したりして問題を見いだし，火山灰層や砂層などを手掛かりに解決させる活動などが考えられる。その際，地層に見られる断層，褶曲について，大地の変動と関連付けて触れる。

地層を構成する堆積岩としては，小学校では礫岩，砂岩，泥岩を学習しているが，これらの岩石のほか，地域の実態に応じて，例えば，石灰岩，チャートなどを扱い，粒の大きさや構成物質の違いなどに気付かせる。

地層の堆積環境の推定には，地層の構成物やその粒の大きさ，形，及びそこに含まれる，サンゴ，シジミ，ブナなどの示相化石を用いる。その際，現在の堆積環境や生物の生態の観察が有効であることに気付かせる。

地層の生成年代としては，古生代，中生代，新生代の地質年代を扱う。また，地層の生成年代の推定には示準化石を用いる。示準化石の例として，古生代の三葉虫，フズリナ，中生代の恐竜，アンモナイト，新生代のビカリア，ナウマンゾウなど代表的なものを取り上げる。

(ｳ)　火山と地震

㋐　火山活動と火成岩

火山の形，活動の様子及びその噴出物を調べ，それらを地下のマグマの性質と関連付けて理解するとともに，火山岩と深成岩の観察を行い，

それらの組織の違いを成因と関連付けて理解すること。

④ 地震の伝わり方と地球内部の働き

地震の体験や記録を基に，その揺れの大きさや伝わり方の規則性に気付くとともに，地震の原因を地球内部の働きと関連付けて理解し，地震に伴う土地の変化の様子を理解すること。

（内容の取扱い）

ウ アの(ｳ)の㋐の「火山」については，粘性と関係付けながら代表的な火山を扱うこと。「マグマの性質」については，粘性を扱うこと。「火山岩」及び「深成岩」については，代表的な岩石を扱うこと。また，代表的な造岩鉱物も扱うこと。

エ アの(ｳ)の④については，地震の現象面を中心に扱い，初期微動継続時間と震源までの距離との定性的な関係にも触れること。また，「地球内部の働き」については，日本付近のプレートの動きを中心に扱い，地球規模でのプレートの動きにも触れること。その際，津波発生の仕組みについても触れること。

ここでは，地球内部の働きに起因する最も身近な事物・現象として火山及び地震を取り上げ，地下のマグマの性質と関連付けて火山活動を理解させるとともに，火成岩の組織の違いを成因と関連付けて理解させる。また，地震の原因を地球内部の働きと関連付けて理解させるとともに，地震に伴う土地の変化を理解させることが主なねらいである。

㋐ 火山活動と火成岩について

小学校では，第６学年で，土地は火山の噴火によって変化することについて学習している。

ここでは，観察記録や資料を活用して，火山の形，活動の様子及びその噴出物を地下のマグマの性質と関連付けて理解させることがねらいである。

マグマの性質については，粘性を扱い，粘性の違いにより噴火の様子や火山噴出物の様子も異なることを理解させる。例えば，溶岩がドーム状に盛り上がっている火山と，広く平らに広がっている火山とを比較し，岩石や火山灰などの観察をもとに，火山の形の違いをマグマの性質と関連付けて，火山の形が異なる理由が粘性と関係があるという問題を見いださせる。その際，火山が形成されるモデル実験を行い，その結果と関連付けて考察させることが考えられる。

火山噴出物については，溶岩や軽石，火山灰などの色や形状を比較しながら観

察させ，その結果をマグマの性質と関連付けて考察させる。その際，異なる火山の火山灰について，例えば，実体顕微鏡を用いてその中に含まれる火山ガラスや鉱物の色，形などを比較しながら調べさせる。

火成岩については，火山岩と深成岩があり，観察を通して共通点や相違点があること，それらがそれぞれの成因と深く関わっていることを理解させる。ここで取り上げる火成岩は，例えば，火山岩として安山岩や玄武岩など，深成岩として花こう岩や閃緑岩などが考えられる。その際，火山岩には斑状組織，深成岩には等粒状組織という共通点があることや，同じ組織であっても色の違いがあることなどに気付かせる。また，火成岩の組織については，結晶を生成させる実験を行うなどしてマグマの冷え方と関連付けて考察させる。さらに，造岩鉱物を取り上げ，火成岩の色の違いは，造岩鉱物の種類や含まれている割合の違いであることに気付かせる。

㋑ 地震の伝わり方と地球内部の働きについて

小学校では，第6学年で，土地は地震によって変化することについて学習している。

ここでは，地震についての体験や地震計の記録，過去の地震の資料などを基に，その揺れの大きさや伝わり方の規則性に気付かせるとともに，地震の原因をプレートの動きと関連付けて理解させ，地震に伴う土地の変化の様子を理解させることがねらいである。

地震の揺れについては，はじめに小さな揺れがあり，続いて大きな揺れがあることに気付かせる。また，同一の地震について，震源から距離の異なる場所に置かれた地震計の記録を基に揺れの伝わる速さを推定させたり，地震の揺れがほぼ同心円状に伝わることを捉えさせたりする。一般に震度は，震源からの距離によって異なることなどの規則性に気付かせる。なお，このとき初期微動継続時間の長さが震源からの距離に関係していることにも触れる。その際，「緊急地震速報」との関連に触れることも考えられる。また，地震の規模（マグニチュード）と観測地点の地震の揺れの強さ（震度）について理解させる。

地震の原因については，日本列島付近の震源の分布などから，プレートの動きによって説明できることを理解させる。その際，地球規模のプレートの動きと地震の分布に触れる。

地震による土地の変化については，地震の記録や写真を基に，断層などの急激な土地の変化が生じることや海底の平坦面が隆起する現象を扱う。地震によっては，海底の地形に急激な変化が起こり，津波が生じることについて触れる。また，水を含んだ砂層では液状化現象が起こることについて触れることも考えられる。

(ｴ) 自然の恵みと火山災害・地震災害

㋐ 自然の恵みと火山災害・地震災害

自然がもたらす恵み及び火山災害と地震災害について調べ，これらを火山活動や地震発生の仕組みと関連付けて理解すること。

（内容の取扱い）

オ アの(ｴ)の㋐の「火山災害と地震災害」については，記録や資料などを用いて調べること。

ここでは，自然がもたらす様々な恵み及び火山災害と地震災害を調べさせ，それらを「(ｳ) 火山と地震」の学習を踏まえて理解させることがねらいである。

㋐ 自然の恵みと火山災害・地震災害について

小学校では，第6学年で，土地は火山の噴火や地震によって変化することについて学習している。

ここでは，自然は，美しい景観，住みよい環境などの恩恵をもたらしていることを調べさせ，自然が人々の豊かな生活に寄与していることに気付かせる。また，資料などを基に，火山活動や地震による災害について調べさせ，火山活動や地震発生の仕組みと関連付けて理解させる。

火山活動による恩恵については，地形や景観，温泉，地熱などに触れることが考えられる。火山災害を扱う際は，例えば，ハザードマップなどから，集落や田畑，森林などに予想される被害を読み取る学習が考えられる。また，噴火警戒レベルを取り上げ，火山活動の状況から，人命に危険を及ぼす火山現象などを理解させることが考えられる。

地震災害を扱う際は，資料を基に地震によって生じた現象と被害の特徴との関係を整理させることが考えられる。例えば，津波については，その発生の基になる地震の規模や，震源の位置，沿岸の地形の特徴と被害の関係を整理させることが考えられる。

自然の恵み及び火山災害と地震災害を調べる場合は，例えば，大学などの防災研究機関，気象庁や地方の気象台などから情報を入手することが考えられる。さらに，図書館，博物館，科学館，ジオパークなどを利用したり，空中写真や衛星画像，情報通信ネットワークを通して得られる多様な情報を活用したりすることが考えられる。

(3) 生物の体のつくりと働き

> （3） 生物の体のつくりと働き
>   生物の体のつくりと働きについての観察，実験などを通して，次の事項を身に付けることができるよう指導する。
>   ア　生物の体のつくりと働きとの関係に着目しながら，次のことを理解するとともに，それらの観察，実験などに関する技能を身に付けること。
>   イ　身近な植物や動物の体のつくりと働きについて，見通しをもって解決する方法を立案して観察，実験などを行い，その結果を分析して解釈し，生物の体のつくりと働きについての規則性や関係性を見いだして表現すること。

　小学校では，第3学年で「身の回りの生物」，第4学年で「人の体のつくりと運動」，第5学年で「植物の発芽，成長，結実」，第6学年で「人の体のつくりと働き」，「植物の養分と水の通り道」について学習している。また，中学校では，第1学年で「(1) いろいろな生物とその共通点」について学習している。

　ここでは，理科の見方・考え方を働かせ，生物の体のつくりと働きについての観察，実験などを行い，細胞レベルで見た生物の共通点と相違点に気付かせ，生物と細胞，植物と動物の体のつくりと働きについての規則性や関係性を見いだして理解させるとともに，それらの観察，実験などに関する技能を身に付けさせ，思考力，判断力，表現力等を育成することが主なねらいである。

　思考力，判断力，表現力等を育成するに当たっては，身近な植物や動物の体のつくりと働きについて，見通しをもって課題を解決する方法を立案して観察，実験などを行い，その結果を分析して解釈し，生物の体のつくりと働きについての規則性や関係性を見いだして表現させることが大切である。その際，レポートの作成や発表を適宜行わせ，科学的な根拠に基づいて表現する力などを育成することも大切である。

　なお，生物の体のつくりと働きを総合的に理解することを通して，生命を尊重する態度を育成することが重要である。

> （ア）生物と細胞
> 　㋐　生物と細胞
> 　　生物の組織などの観察を行い，生物の体が細胞からできていること及び植物と動物の細胞のつくりの特徴を見いだして理解するとともに，観察器具の操作，観察記録の仕方などの技能を身に付けること。

(内容の取扱い)

> ア アの(ア)の㋐については，植物と動物の細胞のつくりの共通点と相違点について触れること。また，細胞の呼吸及び単細胞生物の存在にも触れること。

　ここでは，身近な生物の組織の観察，実験などを行い，全ての生物が細胞でできており，細胞は生物体の構造の単位であること，細胞には様々な形のものがあること，どの細胞も共通の基本的なつくりをもっていること，また，植物と動物の細胞とで異なるつくりがあることを見いだして理解させるとともに，適切な観察器具の扱い方や観察記録の取り方などを身に付けさせることがねらいである。

㋐　**生物と細胞について**

　「(1) いろいろな生物とその共通点」の学習では，生物の外部形態の観察をしている。

　ここでの細胞の観察に当たっては，細胞を染色したり，顕微鏡の倍率を変えたり，スケッチを行ったりして，顕微鏡を用いた観察の仕方を身に付けさせる。観察記録に基づき植物細胞と動物細胞を比較しながら共通点と相違点を見いださせる。共通点としては，植物と動物の細胞に核，細胞質があること，相違点としては，植物細胞には細胞壁があり，葉緑体や液胞が見られるものがあることに気付かせる。その際，生物の体は同じ形や働きをもった細胞が集まって組織を，何種類かの組織が組み合わさって器官を構成していることにも触れることが考えられる。

　また，細胞が物質を出し入れして呼吸をしていることや，生物には一つの細胞からなるものがあることにも触れる。

　なお，細胞分裂などについては「(5) 生命の連続性」で扱う。

> (イ) 植物の体のつくりと働き
> 　㋐　葉・茎・根のつくりと働き
> 　　植物の葉，茎，根のつくりについての観察を行い，それらのつくりと，光合成，呼吸，蒸散の働きに関する実験の結果とを関連付けて理解すること。

(内容の取扱い)

> イ　アの(イ)の㋐については，光合成における葉緑体の働きにも触れること。また，葉，茎，根の働きを相互に関連付けて扱うこと。

ここでは，植物の葉，茎，根の観察，実験を通して，植物の体のつくりの共通性と多様性に気付かせるとともに，植物の体のつくりと働きを関連付けて捉えさせるなど，植物の生命を維持する仕組みについて理解させることがねらいである。

㋐ 葉・茎・根のつくりと働きについて

小学校では，第6学年で，葉に日光が当たるとデンプンができることや，植物の体には水の通り道があり，根から吸い上げられた水が，主に葉から蒸散により排出されることについて学習している。

ここでは，観察によって，種子植物の葉，茎，根の基本的なつくりの特徴を見いだすとともに，それらを光合成，呼吸，蒸散についての実験の結果と関連付けて捉えさせ，植物の体のつくりと働きについて，水など物質の移動に注目しながら総合的に理解させる。

葉については，葉の構造を観察し，その観察結果と光合成，蒸散とを関連させて考察し，葉のつくりと働きについて理解させる。

葉の働きについては，光合成を行う器官であることや，光合成は光のエネルギーを利用して，二酸化炭素と水からデンプンなどの有機物と酸素を生じる反応であることを理解させる。また，光合成が細胞中にある葉緑体で行われていることにも触れる。さらに，呼吸により酸素が吸収され二酸化炭素が放出されていること，葉では気孔で気体の出入りが起こっていることを理解させる。その際，光合成と呼吸が気体の出入りに関して逆の関係にあることに注目させることが大切である。

例えば，光合成に必要な物質や環境条件について，小学校での植物に関する学習を基に，見通しをもって実験の条件を検討し，実験の計画を立案させることが考えられる。その際，植物の成長に影響すると思われる要因を複数挙げて，どの要因が光合成に影響するかを考えさせた上で，具体的な実験の方法について検討させる。さらに，検討した方法で実験を行わせ，得られた結果を分析して解釈し，光合成と植物の体のつくりとの関係性を見いださせ，それらをレポートにまとめさせたり，発表させたりすることも考えられる。

蒸散については，蒸散が行われると，吸水が起こることを実験の結果に基づいて理解させる。その際，葉の断面や気孔の観察と吸水の実験の結果を分析して解釈させ，吸水と蒸散とを関連付けて理解させる。

茎や根の働きについては，水が根で吸収されること，水は根や茎にある維管束の中の道管を上昇することを茎などの断面の観察やデータと関連付けて理解させる。また，光合成によって生じた有機物は師管を通って他の部位に移動することを理解させる。

(ｳ) 動物の体のつくりと働き

㋐ 生命を維持する働き

消化や呼吸についての観察，実験などを行い，動物の体が必要な物質を取り入れ運搬している仕組みを観察，実験の結果などと関連付けて理解すること。また，不要となった物質を排出する仕組みがあることについて理解すること。

㋑ 刺激と反応

動物が外界の刺激に適切に反応している様子の観察を行い，その仕組みを感覚器官，神経系及び運動器官のつくりと関連付けて理解すること。

（内容の取扱い）

ウ アの(ｳ)の㋐については，各器官の働きを中心に扱うこと。「消化」については，代表的な消化酵素の働きを扱うこと。また，摂取された食物が消化によって小腸の壁から吸収される物質になることにも触れること。血液の循環に関連して，血液成分の働き，腎臓や肝臓の働きにも触れること。

エ アの(ｳ)の㋑については，各器官の働きを中心に扱うこと。

ここでは，動物の消化，呼吸及び血液循環や外界の刺激に対する反応についての観察や実験などを通して，動物の体のつくりの共通性と多様性に気付かせるとともに，動物の体のつくりと働きを関連付けて理解させることが主なねらいである。その際，消化，呼吸，血液循環，排出に関わる器官やそれらが組み合わさっている器官系，更に感覚器官，神経系及び運動器官などが働くことによって，動物の生命活動を維持していることに気付かせることが重要である。

㋐ 生命を維持する働きについて

小学校では，第6学年で，ヒトや他の動物について，体のつくりと呼吸，消化，排出及び循環について，また，生命活動を維持するための様々な器官があることについての初歩的な学習を行っている。

ここでは，動物の消化と吸収，呼吸，血液循環などの働きを，物質交換と関連付けて理解させることがねらいである。

消化系については，動物には消化器官が備わっており，その働きによって，食物が物理的及び化学的に消化され，栄養分が吸収される仕組みを理解させる。その際，アミラーゼ，ペプシンなど代表的な消化酵素について扱う。例えば，アミ

ラーゼについては，唾液がデンプンを他の糖に変える働きを確かめる方法を立案して実験させることなどが考えられる。また，消化酵素の働きにより食物が小腸の壁から吸収されやすい物質に変化することを理解させる。

呼吸系については，外呼吸を中心に，肺のつくりと肺胞でのガス交換について取り上げる。また，肺への空気の出入りは横隔膜などの働きによって行われていることも扱う。肺で取り入れられた酸素が体のすみずみの細胞まで運ばれ，そこで使われ，生活するためのエネルギーが取り出され，二酸化炭素などが出されることにも触れる。

循環系については，物質を運搬する仕組みとして，心臓のつくりとその働きを中心に扱う。また，血液成分の働きについては，血漿が組織液となっていろいろな組織中の細胞と血液との間で物質の出し入れの仲立ちをしていることや赤血球や白血球などの働きについても触れる。その際，小学校での血液の循環や心臓の拍動などについての学習や，拍動数や呼吸数の変化などについての日常的な体験を想起させることが考えられる。さらに，血液中の不要となった物質を体外に排出する腎臓の働き及び栄養分を貯蔵し有害な物質を無害な物質に変える肝臓の働きについても触れる。

動物の体のつくりと働きの理解を深めるために，例えば，魚の煮干しやイカなどを解剖して内部のつくりを観察し，ヒトの体のつくりとの比較から動物の体のつくりの共通点に気付かせ，ヒト以外の動物についても，消化系や呼吸系，循環系など生命を維持する仕組みがあることを理解させることも考えられる。

これらの学習を通して，動物の体における必要な物質の吸収，血液によるいろいろな物質の運搬，不要な物質の排出といった物質の移動を，細胞や器官の働きと関連付けて総合的に理解させる。

㋑ 刺激と反応について

小学校では，第4学年で，ヒトの体には骨と筋肉があり，その働きによって体を動かすことができることについて学習している。

ここでは，動物が，外界の刺激に反応していることに気付かせるとともに，これらに関係するいろいろな感覚器官や神経系，運動器官のつくりと働きを関連付けて理解させることがねらいである。

感覚器官としては，目，耳などを取り上げ，それぞれの感覚器官がそれぞれの刺激を受け入れるつくりになっていることを理解させる。また，例えば，暗所に移動すると見え方が時間とともに鮮明になっていくことなどを体験させるなど，ヒトの感覚器官が刺激の強さに応じて調節されることを見いださせることが考えられる。

神経系の働きについては，外界からの刺激が受け入れられ，感覚神経，中枢，

運動神経を介して反応が起こることを，観察，実験や日常経験などを通して理解させる。

　運動器官については，骨格と筋肉の働きによって運動が行われることを扱う。その際，動物の骨格標本や人体模型などを利用することなどが考えられる。

(4) 気象とその変化

> (4) 気象とその変化
> 　身近な気象の観察，実験などを通して，次の事項を身に付けることができるよう指導する。
> 　ア　気象要素と天気の変化との関係に着目しながら，次のことを理解するとともに，それらの観察，実験などに関する技能を身に付けること。
> 　イ　気象とその変化について，見通しをもって解決する方法を立案して観察，実験などを行い，その結果を分析して解釈し，天気の変化や日本の気象についての規則性や関係性を見いだして表現すること。

　小学校では，第4学年で「天気の様子」，「空気と水の性質」，第5学年で「天気の変化」について学習している。

　ここでは，理科の見方・考え方を働かせ，身近な気象の観察，実験などを行い，その観測記録や資料を基に，気象要素と天気の変化の関係に着目しながら，天気の変化や日本の天気の特徴を，大気中の水の状態変化や大気の動きと関連付けて理解させるとともに，それらの観察，実験などに関する技能を身に付けさせ，思考力，判断力，表現力等を育成することが主なねらいである。

　思考力，判断力，表現力等を育成するに当たっては，気象とその変化に関する自然の事物・現象について，見通しをもって課題を解決する方法を立案して観察，実験などを行い，その結果を分析して解釈し，天気の変化や日本の気象についての規則性や関係性を見いだして表現させることが大切である。

　その際，レポートの作成や発表を適宜行わせ，科学的な根拠に基づいて表現する力などを育成することも大切である。

　また，天気とその変化に関する学習を進める際には，継続的な気象観測の機会を設け，興味・関心を高めるようにする。

　なお，天気の変化や日本の天気の特徴が大気中の水の状態変化や大気の動き，海洋の影響と関連していることを捉えさせ，気象とその変化について総合的に見ることができるようにすることが重要である。

> (ア) 気象観測
> 　㋐　気象要素
> 　　気象要素として，気温，湿度，気圧，風向などを理解すること。また，気圧を取り上げ，圧力についての実験を行い，圧力は力の大きさと面積に関係があることを見いだして理解するとともに，大気圧の実験を

行い，その結果を空気の重さと関連付けて理解すること。

㋑　気象観測

校庭などで気象観測を継続的に行い，その観測記録などに基づいて，気温，湿度，気圧，風向などの変化と天気との関係を見いだして理解するとともに，観測方法や記録の仕方を身に付けること。

（内容の取扱い）

ア　アの(ｱ)の㋐の「大気圧」については，空気中にある物体にはあらゆる向きから圧力が働くことにも触れること。

ここでは，主な気象要素である気温，湿度，気圧，風向，風速について理解させ，観測器具の基本的な扱い方や観測方法と，観測から得られた気象データの記録の仕方を身に付けさせることが主なねらいである。

㋐　気象要素について

小学校では，第４学年で気温について，第５学年で雲の量や天気について学習している。第４学年では，閉じこめられた空気を圧(お)すと体積は小さくなり，体積が小さくなると圧し返す力は大きくなることについて学習している。

ここでは，気象観測を行うため，主な気象要素である気温，湿度，気圧，風向，風速についての表し方を理解させ，これらの気象要素の中から「気圧」を取り上げ，圧力は力の大きさと面積に関係があることを見いだして理解させることがねらいである。

湿度については大気中に水蒸気が含まれている度合いを表し，風向については観測地点に吹いてくる風の方位を表し，風速については空気が１秒あたりに進む距離として表すことを理解させる。

気圧については，はじめに，圧力についての実験を行い，圧力は力の大きさと面積に関係があることを理解させる。例えば，スポンジなどの柔らかい物体に接触面積を変えて同じ力を加えたときのへこみ方の違いを調べさせ，へこみ方は接触面積と関係があるという圧力の考え方を見いださせ，圧力は単位面積当たりの力の大きさで表されることを理解させる。その上で，大気圧については，観察，実験を通して，その結果を空気の重さと関連付けて理解させる。その際，空気中にある物体にはあらゆる向きから圧力が働くことにも触れる。例えば，空き缶を大気圧による力でへこませる実験などを行い，空気の圧力の存在を理解させる。また，圧力容器などに詰まった空気を大気中に放出して，その前後の質量を測定し，空気には重さがあることを見いださせ，空気の重さと大気圧を関連付けて理

解させる。さらに，例えば，校外学習などを利用し，携帯気圧計（高度計）による大気圧測定などを通して，大気圧は，高度によって変わることや同じ観測点であっても時間とともに変化することを理解させることも考えられる。

㋑ 気象観測について

小学校では，第4学年で，天気によって1日の気温の変化の仕方に違いがあること，第5学年で，天気の変化は雲の量や動きと関係があることについて学習している。

ここでは，継続的な気象観測を通して，様々な気象現象の中に規則性があることを見いだして理解させるとともに，観測方法や記録の仕方を身に付けさせることがねらいである。

例えば，時間の変化に伴う気温や湿度などの気象要素間の関係を見いだす課題を設定し，それを検証するために，観測の場所や器具，期間，間隔について観測の計画を立てさせ，観測記録から分析して解釈させ，各気象要素間に関係があることを見いだして理解させる。その際，例えばデータの連続性を補うため，自記温度計，自記湿度計，自記気圧計などの活用を図ることも考えられる。また，アメダス（AMeDAS；地域気象観測システム）などの地域の気象情報を自らの観測結果に加えて考察させることも考えられる。

なお，気象観測は，前線の通過が予想されるときや季節に特徴的な天気がみられるときを利用して継続的に行い，観測の技能を身に付けさせる。ここでの観測記録を，「(ｲ) 天気の変化」や「(ｳ) 日本の気象」の学習で活用することが考えられる。

(ｲ) 天気の変化

㋐ 霧や雲の発生

霧や雲の発生についての観察，実験を行い，そのでき方を気圧，気温及び湿度の変化と関連付けて理解すること。

㋑ 前線の通過と天気の変化

前線の通過に伴う天気の変化の観測結果などに基づいて，その変化を暖気，寒気と関連付けて理解すること。

（内容の取扱い）

イ アの(ｲ)の㋐については，気温による飽和水蒸気量の変化が湿度の変化や凝結に関わりがあることを扱うこと。また，水の循環にも触れること。

> ウ　アの(イ)の㋐については，風の吹き方にも触れること。

　ここでは，霧や雲の発生，前線の通過に伴う天気の変化などについて，それが起こる仕組みと規則性を理解させ，霧や雲の発生についての観察，実験を行うための技能を身に付けさせることが主なねらいである。

㋐　霧や雲の発生について

　小学校では，第4学年で，水は蒸発し水蒸気となって空気中に含まれること，空気が冷やされると水蒸気は水になって現れることについて学習している。

　ここでは，霧や雲の発生についての観察，実験を行い，大気中の水蒸気が凝結する現象を気圧，気温及び湿度の変化と関連付けて理解させることがねらいである。例えば，窓や鏡，コップがくもるなど大気中の水蒸気が水滴に変化する現象から露点の測定を行う。

　霧については，気温が下がると飽和水蒸気量が小さくなるため湿度が上がるという規則性を理解させ，気温の低下に伴って大気中の水蒸気が凝結して霧が発生することを理解させる。

　雲の成因については，高度による大気圧の変化と，大気の上昇に伴う気温の低下を取り上げる。例えば，密閉された袋が高度変化に伴う気圧の低下によって膨らむ現象などを取り上げることが考えられる。

　また，ここでは雨，雪などの降水現象に関連させて，水の循環については，太陽のエネルギーによって引き起こされることにも触れる。

㋑　前線の通過と天気の変化について

　小学校では，第5学年で，雲の量や動きが天気の変化と関係することや映像などの気象情報を用いて天気の変化が予測できることについて学習している。

　ここでは，前線の通過によって起こる気温，湿度，気圧，風向，天気の変化などを，暖気や寒気と関連付けて理解させることが主なねらいである。

　気象観測などのデータや天気図から，前線付近の暖気と寒気の動きに気付かせ，前線の通過に伴う天気の変化について理解させる。その際，高気圧，低気圧のまわりの風の吹き方に触れる。

　前線の構造については，前線が通過する際の気温，湿度，気圧，風向，風速，天気の変化，雲の種類の観測結果や実際の経験と関連付けて理解させる。例えば，寒冷前線が通過する際の特徴として，短時間の比較的強い降雨，雷，通過後の気温の低下，風向の変化などの現象が観測できることから，寒冷前線に伴う暖気，寒気の入れ替わりを考察させることなどが考えられる。その際，暖気，寒気のぶつかり合いを表すモデル実験などの方法を工夫して前線の構造についての理解を深めることが考えられる。

> (ｳ) 日本の気象
>   ㋐ 日本の天気の特徴
>   天気図や気象衛星画像などから，日本の天気の特徴を気団と関連付けて理解すること。
>   ㋑ 大気の動きと海洋の影響
>   気象衛星画像や調査記録などから，日本の気象を日本付近の大気の動きや海洋の影響に関連付けて理解すること。

（内容の取扱い）

> エ　アの(ｳ)の㋑については，地球を取り巻く大気の動きにも触れること。また，地球の大きさや大気の厚さにも触れること。

　ここでは，天気図や気象衛星画像などを資料として，日本の天気の特徴を気団と関連付けて理解させるとともに，日本の気象を日本付近の大気の動きや海洋の影響に関連付けて理解させることが主なねらいである。

㋐　日本の天気の特徴について

　小学校では，第5学年で，台風による天気の変化について学習している。

　ここでは，天気図や気象衛星画像から，気圧配置と風の吹き方や天気の特徴との関係を見いださせるとともに，日本の天気の特徴を日本周辺の気団と関連付けて理解させることがねらいである。

　気団の特徴は，それが発生した場所の気温や大気中に含まれる水蒸気の量によって決まることを取り上げる。気団が発達したり衰退したりすることで，季節に特徴的な気圧配置が形成され，日本の天気に特徴が生じることを，天気図や気象衛星画像，気象データを比較することで理解させる。例えば，シベリア気団は冬季に大陸で形成されることから，その特徴は寒冷で乾燥していて，シベリア気団の発達と冬の天気が密接に関わっていることに気付かせることが考えられる。また，台風の進路が夏から秋にかけて変化していることに気付かせ，台風の進路が小笠原気団の発達や衰退と密接に関わっていることを理解させることが考えられる。

㋑　大気の動きと海洋の影響について

　ここでは，日本の気象を日本付近の大気の動きや海洋の影響に関連付けて理解させることがねらいである。

　日本付近の大気の動きについては，1週間程度の天気図や気象衛星画像の変

化，上空の風向などの観測データを用いて捉えさせる。

　例えば，温帯低気圧や移動性高気圧が西から東へ移動していくことや，日本付近の気象衛星画像の動画などの雲の移動の様子から，日本の上空には一年中西から東へ偏西風が吹いていることに気付かせることなどが考えられる。その際，地球を取り巻く大気の動きや地球の大きさに対して気象現象の起こる大気の層の厚さがごく薄いことにも触れる。

　また，日本の気象への海洋の影響については，日本の天気に影響を与える気団の性質や季節風の発生，日本海側の多雪などの特徴的な気象に，海洋が関わっていることを理解させる。例えば，全国のアメダスのデータと天気図や気象衛星画像などを用いて，冬に北西の季節風が顕著なのは，シベリアで発達する高気圧に対して海洋上が低気圧となるためであることなどから海洋の影響を理解させることが考えられる。その際，日本がユーラシア大陸の東岸に位置するために，日本付近の気象は大陸の影響を受けながらも海洋の影響を大きく受けていることを取り上げることが考えられる。

(エ) 自然の恵みと気象災害
　㋐　自然の恵みと気象災害
　　　気象現象がもたらす恵みと気象災害について調べ，これらを天気の変化や日本の気象と関連付けて理解すること。

（内容の取扱い）

オ　アの(エ)の㋐の「気象災害」については，記録や資料などを用いて調べること。

　ここでは，気象現象がもたらす降水などの恵み及び台風や前線などによる大雨・大雪や強風による気象災害を調べさせ，それらを「(イ) 天気の変化」と「(ウ) 日本の気象」の学習を踏まえて理解させることがねらいである。

㋐　自然の恵みと気象災害について

　小学校では，第5学年で，流れる水の働きと土地の変化，天気の変化について学習している。

　ここでは，気象現象は，住みよい環境や水資源などの恩恵をもたらしていることを調べさせ，自然が人々の豊かな生活に寄与していることに気付かせる。また，資料などを基に，台風や前線などによる大雨・大雪や強風による気象災害について調べさせ，天気の変化や日本の気象と関連付けて理解させる。

例えば，台風について扱う場合は，被害をもたらした過去の台風の特徴を取り上げるとともに，台風の進路に基づいて強風や高潮などによる災害の発生した状況を整理させる学習が考えられる。また，洪水について扱う場合は，気象庁が発表する各種情報や警報などを取り上げるとともに，洪水の記録や資料などから災害を起こした大雨，融雪などの特徴，浸水地域と土地の特徴などを整理させる学習が考えられる。

(5) 生命の連続性

(5) 生命の連続性

　生命の連続性についての観察，実験などを通して，次の事項を身に付けることができるよう指導する。

ア　生命の連続性に関する事物・現象の特徴に着目しながら，次のことを理解するとともに，それらの観察，実験などに関する技能を身に付けること。

イ　生命の連続性について，観察，実験などを行い，その結果や資料を分析して解釈し，生物の成長と殖え方，遺伝現象，生物の種類の多様性と進化についての特徴や規則性を見いだして表現すること。また，探究の過程を振り返ること。

　小学校では，第５学年で「植物の発芽，成長，結実」や「動物の誕生」について学習している。また，中学校では，第１学年で「(1)ア(ｲ)㋐　植物の体の共通点と相違点」で花のつくりについて，第２学年で「(3)ア(ｱ)　生物と細胞」について学習している。

　ここでは，理科の見方・考え方を働かせ，生命の連続性についての観察，実験などを行い，生物の成長と殖え方の特徴や遺伝の規則性，及び長い時間の経過の中で生物は変化して多様な生物の種類が生じてきたことを見いだして理解させるとともに，それらの観察，実験などに関する技能を身に付けさせ，思考力，判断力，表現力等を育成することが主なねらいである。

　思考力，判断力，表現力等を育成するに当たっては，生命の連続性について，見通しをもって観察，実験などを行い，その結果や資料を分析して解釈し，生命の連続性に関わる特徴や規則性を見いだして表現させるとともに，探究の過程を振り返らせることが大切である。その際，レポートの作成や発表を適宜行わせることも大切である。

　なお，これらの学習を通して，生命の連続性が保たれていることや多様な生物の種類が生じてきたことについて認識を深め，生命を尊重する態度を育てることが重要である。

(ｱ) 生物の成長と殖え方

㋐　細胞分裂と生物の成長

　体細胞分裂の観察を行い，その順序性を見いだして理解するとともに，細胞の分裂と生物の成長とを関連付けて理解すること。

> ④ 生物の殖え方
>
> 　生物の殖え方を観察し，有性生殖と無性生殖の特徴を見いだして理解するとともに，生物が殖えていくときに親の形質が子に伝わることを見いだして理解すること。

（内容の取扱い）

> ア　アの(ｱ)の㋐については，染色体が複製されることにも触れること。
> イ　アの(ｱ)の㋑については，有性生殖の仕組みを減数分裂と関連付けて扱うこと。「無性生殖」については，単細胞生物の分裂や栄養生殖にも触れること。

　ここでは，細胞分裂や生物の殖え方に関する観察などを行い，細胞は分裂によって殖えること，生物の殖え方には有性生殖と無性生殖があることを見いだして理解させるとともに，無性生殖では子は親と同じ染色体をもつことになるが，有性生殖では両親から染色体を受け継ぐことを減数分裂と関連付けて理解させることが主なねらいである。

㋐　細胞分裂と生物の成長について

　「(3)ア(ｱ)　生物と細胞」では，生物の体が細胞からできていることについて学習している。

　ここでは，体細胞分裂の観察を行い，体細胞分裂の過程には順序性があることを見いだして理解させるとともに，多細胞生物は細胞の分裂によって成長することを理解させることがねらいである。

　体細胞分裂については，染色体が複製されて二つの細胞に等しく分配され，元の細胞と同質の二つの細胞ができることを理解させる。体細胞分裂の順序性を見いださせる際には，染色体数が少なくて見やすい植物細胞を観察するとよい。さらに，例えば，映像などを活用して，体細胞分裂における染色体の動きを見せることなども考えられる。

　成長については，植物の根端などの観察を行い，細胞の分裂によって成長が起こることを理解させる。その際，細胞の数が増えるだけではなく，細胞自体が伸長，肥大していくことにも気付かせることが大切である。

㋑　生物の殖え方について

　小学校では，第5学年で，魚には雌雄があり，生まれた卵は日がたつにつれて中の様子が変化してかえること，人は母体内で成長して生まれることについて学習している。また，「(1)ア(ｲ)㋐　植物の体の共通点と相違点」で，胚珠が種子

になることについて学習している。

　ここでは，生物の殖え方を観察し，有性生殖と無性生殖の違いを見いだして理解するとともに，生物が殖えていくときに親の形質が子に伝わることについて見いだして理解させることがねらいである。

　無性生殖については，単細胞生物の分裂や，栄養生殖に触れる。その際，実際に栄養生殖で殖えつつあるジャガイモやイチゴなどを提示したり，映像なども活用したりすることが考えられる。

　有性生殖については，無性生殖とは異なり，受精によって新しい個体が生じ，受精卵の体細胞分裂により複雑な体がつくられることを，カエルなどを例として捉えさせる。動物では，メダカやウニの発生の継続観察などを行わせることが望ましいが，映像などを活用することも考えられる。また，植物では，受精の様子を直接観察するのは困難であるので，花粉管の伸長の観察などを行わせたり，被子植物の受精の映像などを活用したりすることによって植物の生殖の過程を理解させることが考えられる。

　親の形質が子に伝わることについては，無性生殖では体細胞分裂によって殖えることから，全ての子の形質は同一になることを見いだして理解させる。また，有性生殖では，減数分裂によって両親の染色体が半数ずつ生殖細胞に分配されて受精によって受け継がれることから，全ての子の形質が同じになるとは限らないことに気付かせることが大切である。

(イ) 遺伝の規則性と遺伝子
　㋐ 遺伝の規則性と遺伝子
　　交配実験の結果などに基づいて，親の形質が子に伝わるときの規則性を見いだして理解すること。

（内容の取扱い）

ウ　アの(イ)の㋐については，分離の法則を扱うこと。また，遺伝子の本体がDNAであることにも触れること。

　ここでは，交配実験の結果などから形質の表れ方の規則性を見いだし，染色体にある遺伝子を介して親から子へ形質が伝わること及び分離の法則について理解させることがねらいである。

㋐ **遺伝の規則性と遺伝子について**
　ここでは，一つの形質に注目して，形質が子や孫にどのように伝わっていくか

について考察させ，遺伝の規則性を見いだして理解させる。

　例えば，メンデルの交配実験の結果を分析して解釈し，子や孫の形質の表れ方には規則性があることに気付かせる。その際，染色体に関する図やモデルなどを活用して，その規則性は対になっている遺伝子が分かれて別々の生殖細胞に入ることによってもたらされることを取り上げる。その後，コインやカードなどを用いて交配のモデル実験を行わせて，規則性をもたらす仕組みを確認させることが考えられる。その際，交配のモデル実験における試行回数と得られる結果との関係に気付かせたり，モデル実験の操作や結果が何を意味するかなどを考えさせたりして，探究の過程を振り返らせることが考えられる。

　このような学習を通して，分離の法則について理解させるとともに，生物は親から遺伝子を受け継ぎ，遺伝子は世代を超えて伝えられることを理解させる。その際，遺伝子の本体がDNAという物質であることにも触れる。

　なお，現在，遺伝子やDNAに関する研究が進み，医療，食料，環境，産業など日常生活や社会に関わる様々な分野で，その研究成果が利用されるようになっている。このことについて，文献や情報通信ネットワークなどを活用して，理解を深めさせることが考えられる。

> (ｳ) 生物の種類の多様性と進化
> 　㋐ 生物の種類の多様性と進化
> 　　現存の生物及び化石の比較などを通して，現存の多様な生物は過去の生物が長い時間の経過の中で変化して生じてきたものであることを体のつくりと関連付けて理解すること。

（内容の取扱い）

> 　エ　アの(ｳ)の㋐については，進化の証拠とされる事柄や進化の具体例について扱うこと。その際，生物にはその生息環境での生活に都合のよい特徴が見られることにも触れること。また，遺伝子に変化が起きて形質が変化することがあることにも触れること。

　ここでは，現存の生物や化石の比較などを通して，現存の多様な生物は過去の生物が長い時間の経過の中で変化して生じてきたものであることを体のつくりと関連付けて理解させるとともに，生物の間のつながりを時間的に見ることを通して進化の概念を身に付けさせることがねらいである。

㋐　生物の種類の多様性と進化について

「(1)ア(イ)㋐　動物の体の共通点と相違点」で，脊椎動物を五つの仲間に分類できることについて学習している。

ここでは，例えば脊椎動物では，魚類をはじめとする五つの仲間の間には，魚類と両生類の幼生は鰓呼吸，魚類・両生類・爬虫類は変温動物，魚類・両生類・爬虫類・鳥類は卵生，魚類・両生類・爬虫類・鳥類・哺乳類は全て脊椎をもつというように段階的に共通性が見られることや，化石についての考察などから，現存している生物は過去の生物が変化して生じてきたことに気付かせる。その際，「(2)ア(イ)　地層の重なりと過去の様子」での示準化石などについての学習も踏まえながら，陸上生活をする生物は水中生活をするものから進化してきたことにも気付かせる。

進化の証拠とされる事柄の例としては，始祖鳥のように，爬虫類と鳥類の両方の特徴をもつ生物の化石があること，脊椎動物のひれとあしのように起源が同じ器官が見られることなどが挙げられる。また，例えば哺乳類では，コウモリは翼を用いて空中で飛翔し，クジラはひれを用いて水中で泳ぐなど，同じ前肢でも現在の生息環境に都合のよい特徴が見られることにも触れる。

また，遺伝子に変化が起きて形質が変化することがあることにも触れる。

これらの学習を通して，現存している多様な生物は進化によって生じたものであることを理解させ，生命の歴史の長さを認識させることにより，生命を尊重する態度を育てることが大切である。

(6) 地球と宇宙

> (6) 地球と宇宙
> 　身近な天体の観察，実験などを通して，次の事項を身に付けることができるよう指導する。
> 　ア　身近な天体とその運動に関する特徴に着目しながら，次のことを理解するとともに，それらの観察，実験などに関する技能を身に付けること。
> 　イ　地球と宇宙について，天体の観察，実験などを行い，その結果や資料を分析して解釈し，天体の運動と見え方についての特徴や規則性を見いだして表現すること。また，探究の過程を振り返ること。

　小学校では，第3学年で「太陽と地面の様子」，第4学年で「月と星」，第6学年で「月と太陽」について学習している。

　ここでは，理科の見方・考え方を働かせ，身近な天体の観察，実験などを行い，その観察記録や資料などを基に，地球の運動や太陽系の天体とその運動の様子を関連付けて理解させるとともに，それらの観察，実験に関する技能を身に付けさせ，思考力，判断力，表現力等を育成することが主なねらいである。

　思考力，判断力，表現力等を育成するに当たっては，地球と宇宙について，見通しをもって観察，実験などを行い，その結果や資料を分析して解釈し，天体の運動と見え方についての特徴や規則性を見いだして表現させるとともに，探究の過程を振り返らせることが大切である。その際，レポートの作成や発表を適宜行わせることも大切である。

　また，地球と宇宙に関する学習を進める際には，身近な天体を継続的に観察する機会を設け，興味・関心を高めるようにする。

　なお，観察者の視点（位置）を移動することで，天体の運動と見え方を関連させて捉えることができるようにすることが重要である。

> (ア) 天体の動きと地球の自転・公転
> 　㋐　日周運動と自転
> 　　天体の日周運動の観察を行い，その観察記録を地球の自転と関連付けて理解すること。
> 　㋑　年周運動と公転
> 　　星座の年周運動や太陽の南中高度の変化などの観察を行い，その観察記録を地球の公転や地軸の傾きと関連付けて理解すること。

(内容の取扱い)

> ア　アの(ア)の④の「太陽の南中高度の変化」については，季節による昼夜の長さや気温の変化にも触れること。

　ここでは，太陽や星座の日周運動の観察を行い，天体の日周運動が地球の自転による相対運動であることを理解させるとともに，季節ごとの星座の位置の変化や太陽の南中高度の変化を調べ，それらの観察記録を，地球が公転していることや地軸が傾いていることと関連付けて理解させ，天体の動きを観察する技能を身に付けさせることが主なねらいである。

㋐　日周運動と自転について

　小学校では，第3学年で，日陰の位置が太陽の位置によって変わること，第4学年で，月や星が時刻の経過に伴って位置を変えること，第6学年で，月の位置や形と太陽の位置との関係について，地球上に視点を置いて学習している。

　ここでは，観察した太陽や星の日周運動が，地球の自転によって起こる相対的な動きによるものであることを理解させることがねらいである。

　例えば，透明半球を用いて太陽の日周運動の経路を調べたり，天球の各方位の星座の見かけの動きを観察したり，長時間にわたり撮影した星座の写真を活用したりして，太陽や星の天球上の見かけの動き方を調べ，それらの見かけの動きと地球が自転していることとを関連付けることが考えられる。その際，天体の動きを適切に記録できるようにすることも大切である。なお，観察記録を地球の自転と関連付けて考察させるためには，観察者の視点（位置）を，自転する地球の外に移動させる必要があることから，天球儀や地球儀を用いたモデル実験を行い，考察させることなどが考えられる。また，コンピュータシミュレーションを用いて視覚的に捉えさせるなどの工夫が考えられる。

㋑　年周運動と公転について

　ここでは，同じ時刻に見える星座の位置が変わるのは，地球の公転による見かけの動きであることを理解させる。また，太陽の南中高度や，日の出，日の入りの時刻などが季節によって変化することを，地球の公転や地軸の傾きと関連付けて理解させることがねらいである。

　例えば，同じ時刻に見える星座の位置を一定期間ごとに観察させ，星座の位置が東から西へ少しずつ移動することに気付かせる。そして，観察記録を，太陽を中心とした地球の公転と関連付けて考察させる。また，例えば，太陽を中心に公転する地球とその外側にそれぞれの季節の代表的な星座を描いた図を配したモデルを活用し，地球のモデルを動かすことにより，見える星座が変わっていくこと

から，年周運動と地球の公転の関連を理解させる。その上で，ある時刻のある方位に見える星座が季節によって異なることを説明させることなどが考えられる。「㋐　日周運動と自転」と同様，観察者の視点（位置）を公転する地球の外に移動させて考えさせることが大切である。その際，コンピュータシミュレーションを用いて視覚的に捉えさせるなどの工夫が考えられる。

地軸の傾きについては，例えば，季節ごとに太陽の南中高度を継続的に観測させ，それらの年周的な変化を，地軸が傾いていることと関連付けて理解させることが考えられる。その際，太陽の南中高度の変化に伴う昼夜の長さや気温の変化に触れ，さらに，四季の生じる理由を取り上げることなどが考えられる。

(ｲ) 太陽系と恒星

㋐　太陽の様子

太陽の観察を行い，その観察記録や資料に基づいて，太陽の特徴を見いだして理解すること。

㋑　惑星と恒星

観測資料などを基に，惑星と恒星などの特徴を見いだして理解するとともに，太陽系の構造について理解すること。

㋒　月や金星の運動と見え方

月の観察を行い，その観察記録や資料に基づいて，月の公転と見え方を関連付けて理解すること。また，金星の観測資料などを基に，金星の公転と見え方を関連付けて理解すること。

（内容の取扱い）

イ　アの(ｲ)の㋐の「太陽の特徴」については，形，大きさ，表面の様子などを扱うこと。その際，太陽から放出された多量の光などのエネルギーによる地表への影響にも触れること。

ウ　アの(ｲ)の㋑の「惑星」については，大きさ，大気組成，表面温度，衛星の存在などを取り上げること。その際，地球には生命を支える条件が備わっていることにも触れること。「恒星」については，自ら光を放つことや太陽もその一つであることも扱うこと。その際，恒星の集団としての銀河系の存在にも触れること。「太陽系の構造」については，惑星以外の天体が存在することにも触れること。

エ　アの(ｲ)の㋒の「月の公転と見え方」については，月の運動と満ち欠けを扱うこと。その際，日食や月食にも触れること。また，「金星の公

転と見え方」については，金星の運動と満ち欠けや見かけの大きさを扱うこと。

　ここでは，太陽の観察を行い，その観察記録や資料から，太陽の形や大きさ，表面の様子などの特徴を見いだして理解させるとともに，観測資料などから，惑星と恒星の特徴や太陽系の構造を理解させる。また，月の動きや見え方の観察を行い，月の観察記録などや金星の観測資料から，見え方を月や金星の公転と関連付けて理解させるとともに，太陽の表面，月の動きや形を観察したり記録したりする技能を身に付けさせることが主なねらいである。

㋐　**太陽の様子について**

　小学校では，第3学年で，太陽によって地面が暖められることについて学習している。

　ここでは，観察記録や資料に基づいて，太陽は太陽系で最も大きいこと，自ら光を放出している天体であること，球形で自転していることを見いだして理解させることがねらいである。

　例えば，天体望遠鏡で太陽表面の黒点の観察を数日行い，それらの観察記録や写真，映像などの資料を基に，太陽表面の特徴を理解させる。その際，黒点の形状や動きなどの様子から，太陽は球形で自転していることを見いだして理解させることが考えられる。また，太陽から放出された多量の光や熱のエネルギーは，地球における大気の運動や生命活動に影響を与えていることにも触れる。

　なお，太陽の観察に当たっては，望遠鏡で直接太陽を見ることのないよう配慮する必要がある。

㋑　**惑星と恒星について**

　小学校では，第4学年で，明るさや色の違う星があることや，星座を構成する星の並び方は変わらないことについて学習している。

　ここでは，観測資料などを基に，惑星と恒星などの特徴を見いだして理解させるとともに，太陽系の構造を理解させることがねらいである。

　惑星の特徴については，大きさ，密度，大気組成，表面温度，衛星の存在を取り上げる。また，各惑星の特徴を理解させるためには，惑星探査機や大型望遠鏡による画像などを活用することが考えられる。惑星は大きさによって，地球を代表とするグループと木星を代表とするグループに分けられることを見いださせ，大気組成や表面温度を比較することによって地球には生命を支える条件が備わっていることにも触れる。

　太陽系の構造を取り上げる際に，太陽や各惑星の位置や大きさの関係をモデルとして表すことは，太陽系の構造を概観するために効果的である。さらに，太陽

系には惑星以外にも，小惑星や彗星，冥王星などの天体が存在することにも触れる。

恒星の特徴については，自ら光を放つこと，太陽も恒星の一つであることを理解させる。また，太陽以外の恒星を観察しそれらが点にしか見えないことや常に相互の位置関係が変わらないことから，恒星は，太陽系の天体と比べて極めて遠距離にあることに気付かせて理解させる。その際，恒星が集団をなし銀河系を構成していることにも触れる。

㋒ 月や金星の運動と見え方について

小学校では，第6学年で，月の形の見え方が太陽と月の位置関係によって変わることについて学習している。

ここでは，月が約1ヶ月周期で満ち欠けし，同じ時刻に見える位置が毎日移り変わっていくことを，月が地球の周りを公転していることと関連付けて理解させるとともに，金星の観測資料などから，金星の見かけの形と大きさの変化を，金星が地球の内側の軌道を公転していることと関連付けて理解させることがねらいである。

月の運動と見え方については，例えば，日没直後の月の位置と形を継続的に観察し，その観察記録や写真，映像などの資料を基に，月の見え方の特徴を見いださせ，それを太陽と月の位置関係や月の運動と関連付けて考察し理解させる。また，日食や月食が月の公転運動と関わって起こる現象であることにも触れる。

金星の運動と見え方については，観測資料を基に金星の見かけの形と大きさが変化することを見いださせる。その上で，例えば，地球から見える金星の形がどのように変化するかという課題を解決するため，太陽と金星の位置関係に着目してモデル実験の計画を立てて調べさせる。その後，課題に対して実験方法や考察が妥当であるか探究の過程を振り返らせることが考えられる。その際，観察者の視点（位置）を移動させ，太陽，金星，地球を俯瞰するような視点と，地球からの視点とで考えさせることが大切である。

(7) 自然と人間

> (7) 自然と人間
>   自然環境を調べる観察，実験などを通して，次の事項を身に付けることができるよう指導する。
>   ア 日常生活や社会と関連付けながら，次のことを理解するとともに，自然環境を調べる観察，実験などに関する技能を身に付けること。
>   イ 身近な自然環境や地域の自然災害などを調べる観察，実験などを行い，自然環境の保全と科学技術の利用の在り方について，科学的に考察して判断すること。

　小学校では，第6学年で「生物と環境」，「土地のつくりと変化」について学習している。また，中学校第2分野では，第1学年で「(1)ア(イ) 生物の体の共通点と相違点」と「(2)ア(ウ) 火山と地震」，第2学年で「(3) 生物の体のつくりと働き」と「(4)ア(ウ) 日本の気象」について学習している。

　ここでは，理科の見方・考え方を働かせ，自然環境を調べる観察，実験などを行い，自然界における生物相互の関係や自然界のつり合いについて理解させるとともに，自然と人間との関わり方について認識を深めさせ，思考力，判断力，表現力等を育成することが主なねらいである。

　思考力，判断力，表現力等を育成するに当たっては，自然環境の保全と科学技術の利用の在り方について，多面的，総合的に捉え，科学的に考察して判断させるようにすることが大切である。その際，話合いや，レポートの作成，発表を適宜行わせるようにする。

　なお，「(イ) 自然環境の保全と科学技術の利用」の学習は，第1分野の「(7) 科学技術と人間」と関連付けて総合的に行い，自然環境の保全と科学技術の利用の在り方について科学的に考えさせ，持続可能な社会をつくっていくことが重要であることを認識させる。

> (ア) 生物と環境
>   ㋐ 自然界のつり合い
>   微生物の働きを調べ，植物，動物及び微生物を栄養の面から相互に関連付けて理解するとともに，自然界では，これらの生物がつり合いを保って生活していることを見いだして理解すること。
>   ㋑ 自然環境の調査と環境保全
>   身近な自然環境について調べ，様々な要因が自然界のつり合いに影響

　　　　していることを理解するとともに，自然環境を保全することの重要性を
　　　　認識すること。
　　㋒　地域の自然災害
　　　　地域の自然災害について，総合的に調べ，自然と人間との関わり方に
　　　ついて認識すること。

（内容の取扱い）

　ア　アの(ｱ)の㋐については，生態系における生産者と消費者との関係を
　　扱うこと。また，分解者の働きについても扱うこと。その際，土壌動物
　　にも触れること。
　イ　アの(ｱ)の㋑については，生物や大気，水などの自然環境を直接調べ
　　たり，記録や資料を基に調べたりするなどの活動を行うこと。また，気
　　候変動や外来生物にも触れること。
　ウ　アの(ｱ)の㋒については，地域の自然災害を調べたり，記録や資料を
　　基に調べたりするなどの活動を行うこと。

　ここでは，生物が非生物的環境とともに自然界を構成しており，その中でつり
合いが保たれていることと，人間の活動などが自然界のつり合いに影響を与えて
いることを理解させ，自然環境を保全することの重要性を認識させる。また，地
域の自然災害を調べることで大地の変化の特徴を理解させ，自然を多面的，総合
的に捉えさせる。その上で，自然と人間との関わり方について，科学的に考察し
て判断する能力や態度を身に付けさせることが主なねらいである。

㋐　自然界のつり合いについて

　小学校では，第6学年で，生物は，水及び空気を通して周囲の環境と関わって
生きていることと，生物の間には食う食われるという関係があることを学習して
いる。また，「(3) 生物の体のつくりと働き」で，光合成や呼吸などについて学
習している。

　ここでは，自然界では生態系の中で様々な生物が相互に関係しながら生活し，
つり合いが保たれていることを見いださせることがねらいである。

　ここまでの学習を踏まえ，植物や光合成をする水中の小さな生物は，生産者と
して無機物から有機物を合成するが，無機物から有機物を合成する能力のない生
物は消費者として，他の生物や生物の遺体や排出物などの有機物を摂取すること
が必要であることや，食物網を理解させるとともに，自然界で生活している生物
の間のつり合いが保たれていることに気付かせる。

また，生物の遺体や排出物中の有機物を摂取する生物は，生態系の中で，消費者であると同時に分解者としての役割も担っていることを理解させる。その際，菌類や細菌類などの微生物が有機物を最終的に分解して無機物にし，それを生産者が再び利用していることや，炭素が自然界を循環していることに気付かせる。菌類や細菌類などの微生物については，これまで学習していないことに留意して指導する。さらに，土壌動物についてもその存在と働きについて触れる。

　食物網や自然界の炭素循環などの学習を通して，生物の間につり合いが保たれていることについて理解させるとともに，生態系は生物とそれをとりまく環境を一つのまとまりとして捉えたものであることを理解させる。

㋑　自然環境の調査と環境保全について

　ここでは，身近な自然環境を調べる活動を行い，その観察結果や資料を基に，人間の活動などの様々な要因が自然界のつり合いに影響を与えていることについて理解させ，自然環境を保全することの重要性を認識させることがねらいである。なお，ねらいを実現するために「(ア)㋐　自然界のつり合い」についての学習を踏まえて行うことが重要である。

　例えば，学校や地域，生徒の実態などに応じて，野生生物の生息状況，大気汚染，河川や湖沼の水質など，自然と人間との関わり方を考察しやすい自然環境の事例を取り上げることが考えられる。その際，土地の利用や開発，資源の利用，環境中への物質の放出といった人間の様々な活動が，自然環境を変化させたり，生物の生息数を変化させたりして，自然界のつり合いに影響を与えていることを見いださせるようにする。また，気候変動や外来生物についても触れる。

　なお，調査は，野外での活動が望ましいが，時期や季節が限られる事例や，直接観察しにくい事例もある。そのため，年間指導計画の中に位置付けて，計画的に標本を集めたり写真を撮ったりするなど工夫をすることや，飛行機や人工衛星からのデータ，博物館の資料や標本などを活用することも考えられる。さらに，過去の記録から自然環境の時間的な変化を考察させたり，身近な自然環境を他の地域と比較して，より広い地域における自然環境について考察させたりすることも考えられる。

㋒　地域の自然災害について

　「(2) 大地の成り立ちと変化」で火山や地震，「(4) 気象とその変化」で日本の気象について学習している。

　ここでは，地域の自然災害を調べ，大地の変化の特徴を理解し，自然を多面的，総合的に捉え，自然と人間との関わり方について，科学的に考察して判断する能力や態度を身に付けさせることがねらいである。

　例えば，活断層の存在，津波の痕跡や資料，火山灰の分布，洪水の痕跡などを

基にして，生じた自然現象と被害との関係を認識させ，ハザードマップなどを基にその被害を最小限にくい止める方法を考察させるような学習が考えられる。その際,学習の成果を発表したり話し合ったりする機会を設けることも考えられる。

地域の自然災害を調べる際には，図書館，博物館，科学館，ジオパークなどを利用したり，空中写真や衛星画像，情報通信ネットワークを通して得られる多様な情報を活用したりして，時間的・空間的な見方から捉えさせ，自然災害と人間との関わり方についての認識を深めさせることが考えられる。

> (イ) 自然環境の保全と科学技術の利用
>   ㋐ 自然環境の保全と科学技術の利用
>   自然環境の保全と科学技術の利用の在り方について科学的に考察することを通して，持続可能な社会をつくることが重要であることを認識すること。

（内容の取扱い）

> エ アの(イ)の㋐については，これまでの第1分野と第2分野の学習を生かし，第1分野の内容の(7)のアの(イ)の㋐及びイと関連付けて総合的に扱うこと。

ここでは，第1分野と第2分野の学習を生かし，科学技術の発展と人間生活との関わり方，自然と人間の関わり方について多面的，総合的に捉えさせ，自然環境の保全と科学技術の利用の在り方について科学的に考察させ，持続可能な社会をつくっていくことが重要であることを認識させることがねらいである。

このねらいを達成するため，中学校最後の学習として，第1分野(7)のア(イ)㋐と併せて扱い，科学的な根拠に基づいて意思決定させる場面を設けることが大切である。

㋐ **自然環境の保全と科学技術の利用について**

内容の取扱いで，第1分野と第2分野の学習を生かし，第1分野(7)のア(イ)㋐と関連付けて総合的に扱うこととしており，本解説第2章第2節［第1分野］2 (7)のア(イ)㋐に掲載している。（67ページ）

（内容の取扱い）

> 内容の(1)から(7)までについては，それぞれのアに示す知識及び技能とイ

> に示す思考力，判断力，表現力等とを相互に関連させながら，3年間を通じて科学的に探究するために必要な資質・能力の育成を目指すものとする。
>
> 　内容の(1)から(7)までのうち，(1)及び(2)は第1学年，(3)及び(4)は第2学年，(5)から(7)までは第3学年で取り扱うものとする。

　それぞれの内容については，アに示す知識及び技能とイに示す思考力，判断力，表現力等とを相互に関連させながら，身に付けるよう指導することを示している。なお，学びに向かう力，人間性等は第2分野の目標の(3)に沿って育成するものとする。ここでは，3年間を通じて科学的に探究するために必要な資質・能力の育成を目指すことを示している。

　また，学習の内容の順序に関する規定については，従前と同様，学年ごとに標準的な内容を示すこととした。これは，地域の特性などを生かした学習ができるようにするためであり，中学校理科の第1分野と第2分野の内容の系統性に配慮し学習の全体を見通して指導計画を作成し指導を行うことが重要である。

第3章　指導計画の作成と内容の取扱い

● 1　指導計画作成上の配慮事項

　指導計画の作成に当たっては，第2章第4節理科「第1　目標」及び「第2　各分野の目標及び内容」に照らして，各分野の目標や内容のねらいが十分達成できるように次の事項に配慮する。

(1) 主体的・対話的で深い学びの実現に向けた授業改善

> (1) 単元など内容や時間のまとまりを見通して，その中で育む資質・能力の育成に向けて，生徒の主体的・対話的で深い学びの実現を図るようにすること。その際，理科の学習過程の特質を踏まえ，理科の見方・考え方を働かせ，見通しをもって観察，実験を行うことなどの科学的に探究する学習活動の充実を図ること。

　この事項は，理科の指導計画の作成に当たり，生徒の主体的・対話的で深い学びの実現を目指した授業改善を進めることとし，理科の特質に応じて，効果的な学習が展開できるように配慮すべき内容を示したものである。
　理科の指導に当たっては，(1)「知識及び技能」が習得されること，(2)「思考力，判断力，表現力等」を育成すること，(3)「学びに向かう力，人間性等」を涵養することが偏りなく実現されるよう，単元など内容や時間のまとまりを見通しながら，主体的・対話的で深い学びの実現に向けた授業改善を行うことが重要である。
　生徒に理科の指導を通して「知識及び技能」や「思考力，判断力，表現力等」の育成を目指す授業改善を行うことはこれまでも多くの実践が重ねられてきている。そのような着実に取り組まれてきた実践を否定し，全く異なる指導方法を導入しなければならないと捉えるのではなく，生徒や学校の実態，指導の内容に応じ，「主体的な学び」，「対話的な学び」，「深い学び」の視点から授業改善を図ることが重要である。
　主体的・対話的で深い学びは，必ずしも1単位時間の授業の中で全てが実現されるものではない。単元など内容や時間のまとまりの中で，例えば，主体的に学習に取り組めるよう学習の見通しを立てたり学習したことを振り返ったりして自身の学びや変容を自覚できる場面をどこに設定するか，対話によって自分の考えなどを広げたり深めたりする場面をどこに設定するか，学びの深まりをつくりだ

すために，生徒が考える場面と教師が教える場面をどのように組み立てるか，といった視点で授業改善を進めることが求められる。また，生徒や学校の実態に応じ，多様な学習活動を組み合わせて授業を組み立てていくことが重要であり，単元のまとまりを見通した学習を行うに当たり基礎となる知識及び技能の習得に課題が見られる場合には，それを身に付けるために，生徒の主体性を引き出すなどの工夫を重ね，確実な習得を図ることが必要である。

　主体的・対話的で深い学びの実現に向けた授業改善を進めるに当たり，特に「深い学び」の視点に関して，各教科等の学びの深まりの鍵となるのが「見方・考え方」である。各教科等の特質に応じた物事を捉える視点や考え方である「見方・考え方」を，習得・活用・探究という学びの過程の中で働かせることを通じて，より質の高い深い学びにつなげることが重要である。

　理科においては，「理科の見方・考え方」を働かせ，見通しをもって観察，実験を行うことなどの科学的に探究する学習活動を通して，「主体的・対話的で深い学び」の実現を図るようにすることが重要である。

　「主体的な学び」については，例えば，自然の事物・現象から問題を見いだし，見通しをもって課題や仮説の設定をしたり，観察，実験の計画を立案したりする学習となっているか，観察，実験の結果を分析し解釈して仮説の妥当性を検討したり，全体を振り返って改善策を考えたりしているか，得られた知識及び技能を基に，次の課題を発見したり，新たな視点で自然の事物・現象を把握したりしているかなどの視点から，授業改善を図ることが考えられる。

　「対話的な学び」については，例えば，課題の設定や検証計画の立案，観察，実験の結果の処理，考察などの場面では，あらかじめ個人で考え，その後，意見交換したり，科学的な根拠に基づいて議論したりして，自分の考えをより妥当なものにする学習となっているかなどの視点から，授業改善を図ることが考えられる。

　「深い学び」については，例えば，「理科の見方・考え方」を働かせながら探究の過程を通して学ぶことにより，理科で育成を目指す資質・能力を獲得するようになっているか，様々な知識がつながって，より科学的な概念を形成することに向かっているか，さらに，新たに獲得した資質・能力に基づいた「理科の見方・考え方」を，次の学習や日常生活などにおける課題の発見や解決の場面で働かせているかなどの視点から，授業改善を図ることが考えられる。

　以上のような授業改善の視点を踏まえ，理科で育成を目指す資質・能力及びその評価の観点との関係も十分に考慮し，指導計画等を作成することが必要である。

(2) 学校の実態に応じた効果的な指導計画の作成

> (2) 各学年においては，年間を通じて，各分野におよそ同程度の授業時数を配当すること。その際，各分野間及び各項目間の関連を十分考慮して，各分野の特徴的な見方・考え方を総合的に働かせ，自然の事物・現象を科学的に探究するために必要な資質・能力を養うことができるようにすること。

　理科の学習指導が望ましい成果を上げて，理科の目標が滞りなく達成されるためには，学校や生徒の実態に即し教育的な考慮が行き届いた綿密な指導計画を作成することが必要である。そのためには，本解説第2章第1節「教科の目標」に照らしながら各分野の目標や内容を具体的に検討し，理科の見方・考え方を総合的に働かせ，自然の事物・現象を科学的に探究する活動を通して，育成を目指す資質・能力を育むことが大切である。また，その際，各分野間及び各項目間の関連を図るとともに，小学校や高等学校の学習指導要領との関連にも留意し，内容の理解や科学的な概念の形成及び自然の事物・現象を科学的に探究する力や態度が育成されるようにする。自然や生命に対する畏敬の念，自然環境の保全に寄与する態度についても各分野や各項目間の関連を十分考慮する必要がある。指導計画には，3年間を見通した計画，年間計画，大項目・中項目などの計画及び1単位時間の計画など様々なレベルのものが考えられるが，いずれの計画においても生徒の主体的な学習となるような配慮及び生徒の個人差に対応できるような配慮が重要である。授業時数については，学校教育法施行規則の別表第2（第73条）で定められており，第1学年で105，第2学年及び第3学年でそれぞれ140が標準とされている。中学校理科は第1分野及び第2分野で構成され，各学年で学習する標準的な内容を示しており，年間を通じて各分野におよそ同程度の授業時数を配当するものとされている。また，実際の授業の1単位時間は各学校が適切に定めることができることや，学習活動の特質に応じ効果的な場合には授業を特定の期間に行うことが可能であることを考慮して，各学校の実態に応じて年間指導計画を立てる必要がある。

　授業を実施する場合の指導内容及び留意事項については，第2章第4節理科「第3　指導計画の作成と内容の取扱い」に述べられているが，内容が過度に高度で抽象的なものにならないよう留意する必要がある。また，指導計画の作成に当たっては各学年で扱う内容に関して十分な検討を行い，3年間を見通した綿密な指導計画を作成するようにすることが大切である。なお，第1分野(7)のア(イ)㋐と第2分野(7)のア(イ)㋐については，それまでの第1分野，第2分野の学習の成果を

生かして総合的に扱うため，第1分野と第2分野を区別することなく一括して実施する。

以上のことを踏まえ，各学校の実態に応じて創意工夫を生かした効果的な指導計画の作成がなされることが必要である。

(3) 十分な観察，実験の時間や探究する時間の設定

> (3) 学校や生徒の実態に応じ，十分な観察や実験の時間，課題解決のために探究する時間などを設けるようにすること。その際，問題を見いだし観察，実験を計画する学習活動，観察，実験の結果を分析し解釈する学習活動，科学的な概念を使用して考えたり説明したりする学習活動などが充実するようにすること。

理科の見方・考え方を働かせ，科学的に探究する学習活動を行い，目標となる資質・能力を育成するためには，年間の指導計画を見通して，観察，実験の時間，生徒自らが課題を解決するために探究する時間などを十分確保することが必要である。

観察，実験においては，その実施時期などを考慮したり，継続的に野外観察をしたり，十分な結果が得られなかった観察，実験をやり直したりすることも大切である。観察，実験の結果を整理したり，探究的に学習活動をしたりする時間などを充実させるには，2単位時間を連続して確保するなどの方法も考えられる。

課題を解決するために探究する学習活動には，問題を見いだし観察，実験を計画する学習活動，観察，実験の結果を分析し解釈する学習活動，科学的な概念を使用して考えたり説明したりする学習活動などが考えられる。その際，問題を見いだし観察，実験を計画する学習活動の充実を図ることは，生徒が自然の事物・現象に進んで関わるためにも大切である。そのためには，観察，実験を計画する場面で，考えを発表する機会を与えたり，検証方法を討論したりしながら考えを深め合うなどの学習活動が考えられる。また，観察，実験の結果を分析し解釈する学習活動の充実を図ることは，思考力，判断力，表現力等を育成するためにも重要である。そのためには，データを図，表，グラフなどの多様な形式で表したり，結果について考察したりする時間を十分に確保することが大切である。さらに，科学的な概念を使用して考えたり説明したりする学習活動の充実を図ることも，思考力，判断力，表現力等の育成を図る観点から大切である。そのためには，例えば，レポートの作成，発表，討論など知識及び技能を活用する学習活動を工夫し充実を図る必要がある。

(4) 日常生活や他教科等との関連

> (4) 日常生活や他教科等との関連を図ること。

　理科の内容の中には，日常生活や社会に密接な関わりをもっているものが多い。理科で学習する規則性や原理などが日常生活や社会で活用されていることにも触れ，私たちの生活において極めて重要な役割を果たしていることに気付かせるようにすることが大切である。

　また，数学や保健体育，技術・家庭をはじめ他の教科の内容と関連するところがある。各教科と関連する内容や学習時期を把握し，教科等の「見方・考え方」や育成を目指す資質・能力などについて，教職員間で相互に連携しながら，学習の内容や系統性に留意し，学習活動を進めることが大切である。このことにより，学習の定着を図り，内容の理解を深めることが大切である。

(5) 障害のある生徒への指導

> (5) 障害のある生徒などについては，学習活動を行う場合に生じる困難さに応じた指導内容や指導方法の工夫を計画的，組織的に行うこと。

　障害者の権利に関する条約に掲げられたインクルーシブ教育システムの構築を目指し，生徒の自立と社会参加を一層推進していくためには，通常の学級，通級による指導，特別支援学級，特別支援学校において，生徒の十分な学びを確保し，一人一人の生徒の障害の状態や発達の段階に応じた指導や支援を一層充実させていく必要がある。

　通常の学級においても，発達障害を含む障害のある生徒が在籍している可能性があることを前提に，全ての教科等において，一人一人の教育的ニーズに応じたきめ細かな指導や支援ができるよう，障害種別の指導の工夫のみならず，各教科等の学びの過程において考えられる困難さに対する指導の工夫の意図，手立てを明確にすることが重要である。

　これを踏まえ，今回の改訂では，障害のある生徒などの指導に当たっては，個々の生徒によって，見えにくさ，聞こえにくさ，道具の操作の困難さ，移動上の制約，健康面や安全面での制約，発音のしにくさ，心理的な不安定，人間関係形成の困難さ，読み書きや計算等の困難さ，注意の集中を持続することが苦手であることなど，学習活動を行う場合に生じる困難さが異なることに留意し，個々の生徒の困難さに応じた指導内容や指導方法を工夫することを，各教科等において示

している。

　その際，理科の目標や内容の趣旨，学習活動のねらいを踏まえ，学習内容の変更や学習活動の代替を安易に行うことがないよう留意するとともに，生徒の学習負担や心理面にも配慮する必要がある。

　例えば，理科における配慮として，次のようなものが考えられる。実験を行う活動において，実験の手順や方法を理解することが困難である場合は，見通しがもてるよう実験の操作手順を具体的に明示したり，扱いやすい実験器具を用いたりするなどの配慮をする。また，燃焼実験のように危険を伴う学習活動においては，教師が確実に様子を把握できる場所で活動させるなどの配慮をする。

　なお，学校においては，こうした点を踏まえ，個別の指導計画を作成し，必要な配慮を記載し，他教科等の担任と共有したり，翌年度の担任等に引き継いだりすることが必要である。

(6) 道徳科などとの関連

> (6) 第1章総則の第1の2の(2)に示す道徳教育の目標に基づき，道徳科などとの関連を考慮しながら，第3章特別の教科道徳の第2に示す内容について，理科の特質に応じて適切な指導をすること。

　理科の指導においては，その特質に応じて，道徳について適切に指導する必要があることを示すものである。

　第1章総則第1の2(2)においては，「学校における道徳教育は，特別の教科である道徳（以下「道徳科」という。）を要として学校の教育活動全体を通じて行うものであり，道徳科はもとより，各教科，総合的な学習の時間及び特別活動のそれぞれの特質に応じて，生徒の発達の段階を考慮して，適切な指導を行うこと」と規定されている。

　理科における道徳教育の指導においては，学習活動や学習態度への配慮，教師の態度や行動による感化とともに，以下に示すような理科と道徳教育との関連を明確に意識しながら，適切な指導を行う必要がある。

　理科においては，目標を「自然の事物・現象に関わり，理科の見方・考え方を働かせ，見通しをもって観察，実験を行うことなどを通して，自然の事物・現象を科学的に探究するために必要な資質・能力を次のとおり育成することを目指す。」としており，このうち，「学びに向かう力，人間性等」についての目標は「自然の事物・現象に進んで関わり，科学的に探究しようとする態度を養う。」と示している。

自然の事物・現象を調べる活動を通して，生物相互の関係や自然界のつり合いについて考えさせ，自然と人間との関わりを認識させることは，生命を尊重し，自然環境の保全に寄与する態度の育成につながるものである。また，見通しをもって観察，実験を行うことや，科学的に探究する力を育て，科学的に探究しようとする態度を養うことは，道徳的判断力や真理を大切にしようとする態度の育成にも資するものである。

　次に，道徳教育の要としての特別の教科である道徳科の指導との関連を考慮する必要がある。理科で扱った内容や教材の中で適切なものを，道徳科に活用することが効果的な場合もある。また，道徳科で取り上げたことに関係のある内容や教材を理科で扱う場合には，道徳科における指導の成果を生かすように工夫することも考えられる。そのためにも，理科の年間指導計画の作成などに際して，道徳教育の全体計画との関連，指導の内容及び時期等に配慮し，両者が相互に効果を高め合うようにすることが大切である。

2 内容の取扱いについての配慮事項

各分野の指導に当たっては，第2章第4節理科「第1　目標」及び「第2　各分野の目標及び内容」に照らして各分野の目標やねらいが十分達成できるように次の事項に配慮する。

(1) 科学的に探究する力や態度の育成

> (1) 観察，実験，野外観察を重視するとともに，地域の環境や学校の実態を生かし，自然の事物・現象についての基本的な概念の形成及び科学的に探究する力と態度の育成が段階的に無理なく行えるようにすること。

　理科の学習は，自然の事物・現象を生徒が自ら調べ事実を確認することから始まる。生徒は，自然の事物・現象への直接的な取組を通して，自ら問題を見いだしたり，適切な実験を計画したり，実験操作を工夫して行ったり，実験の結果について自らの考えを導き出したりする。また，それを表現することで自分の考えを確認したり自然の事物・現象をよりよく理解できたりするようになる。それゆえに，理科の学習において観察，実験は極めて重要である。

　地域や学校の実態に応じて野外観察を行うことも重要である。自然に直接触れることによって自然の営みや自然の偉大さを感じ取り，自然に対する興味・関心を高めることができる。また，自然を直接観察し，自然の事物・現象の中から生徒自身で問題を見いだすことにより，探究する活動を意欲的なものとすることができる。その際，野外での探究する活動を効果的なものとするためには，生徒の生活の場である地域の自然環境の実態をよく把握し，その特性を十分に生かすことが重要である。

　自然の事物・現象を科学的に探究する力と態度を育てるためには，課題の設定，実験の計画と実施，器具などの操作，記録，データの処理，モデルの形成，規則性の発見など，科学的に探究する活動を行うことが必要である。しかしながら，科学的に探究する力は一挙に獲得できるものではなく，具体的な問題に取り組み，それを解決していく活動を通して身に付けていくものである。見通しをもって観察，実験を行い，得られたデータを分析して解釈し，適切な判断を行うような経験をさせることが重要である。判断に当たっては，科学的な根拠を踏まえ，論理的な思考に基づいて行うように指導する必要がある。このような経験を繰り返す中で，科学的に探究する力や態度が育成されるようになる。

　また，理科の学習においては，生徒が自然の事物・現象について理解を深め，

知識を体系化するため，科学の基本的な概念を身に付けさせることが大切である。この基本的な概念は，自然の事物・現象における規則性を生徒が発見していくことによって徐々に育てられていくのである。学習指導要領の内容項目の中には，基本的な概念を支えているいろいろな概念が含まれており，自然の事物・現象を探究していく中で，生徒一人一人の中に科学の基本的な概念が形成されていくのである。そのため，生徒が観察，実験に主体的に取り組めるようにして，科学の基本的な概念の形成を図ることが重要である。

(2) 生命の尊重と自然環境の保全

> (2) 生命を尊重し，自然環境の保全に寄与する態度を養うようにすること。

　生命や自然環境を扱う第2分野の学習においては，生命を尊重し，自然環境の保全に寄与する態度を育成することが重要である。

　「生命」については，生物の飼育や栽培，生物や生命現象についての観察，実験などを通して，生物のつくりと働きの精妙さを認識させ，かけがえのない生命の尊さを感じさせるようにする。このような体験を通して生命に対する畏敬の念や生命を尊重する態度を培うようにする。

　科学技術の進歩により，遺伝子組換え技術やDNA増幅技術などが，作物の品種改良，医療，犯罪捜査などに活用されている。食物の安全性の確保，生命倫理，個人情報の保護などの観点から，これからも継続的な議論が必要なものもある。このような今日的な課題にも触れながら，日頃から生命に関心をもたせ，生命を尊重する態度がより確かなものになるように指導する。

　学習指導を進めるに当たって，生物を教材とする場合には次のような点に配慮する必要がある。例えば，野外で動物や植物を採集する場合には，必要最小限にとどめるなど，生態系に配慮する。また，昆虫や動物を観察する際には，できるだけ傷害を加えないようにする。さらに，動物を飼育する場合には，その動物に適した生活環境を整え，健康状態の変化などに十分に留意する。

　イカなどを解剖する場合には，事前にその意義を十分に説明し，こうした機会を大切にしながら真摯に多くのことを学習しようとする態度や生命を尊重する態度を育てる。その際，生徒の心情にも配慮し，事後には生物を粗末に扱うことがないようにさせる。

　「自然環境の保全」については，世界的な議論が活発に行われ，その実践に向けて我が国の果たすべき役割に大きな期待が寄せられている。気候変動，砂漠化，大気や水質の汚染，オゾン層の破壊，熱帯雨林の減少，野生生物の種の減少など

に関する課題がある。今後永続的に人間が地球で様々な生物と共存していくためには，自然と人間の生活との関わりを正しく認識させることが大切である。自然や科学技術と人間との関わりについて科学的な根拠に基づき考察することを通して，自然環境の保全の重要性を認識させることはもとより，それに実際に寄与する態度を育てることが大切である。

　ここまで述べたように，「生命」及び「自然環境の保全」に関して，様々な課題が存在している。理科では，生物とそれを取り巻く自然について，地球全体の在り方なども考えながら，自然環境が一定のつり合いを保って成り立っていることを理解させることが大切である。

　また，地球上の生物種はそれぞれ長い時間の中での進化を経て現在に生きているのであり，生命の連続性を断ち切るようなことがあるとその種を永遠に取り戻すことができなくなる。自然環境の保全は，生命尊重の観点からも大切である。

　第2分野「(7) 自然と人間」においては，身近な自然環境の調査などを通して自然環境と人間の関わりにより，自然界のつり合いがどのような影響を受けるかを考えさせ，理解させることが必要である。実際に自然に接し，自然に対する豊かな感受性を身に付けさせ，自然及び自然と人間との関わりについて，総合的に見たり考えたりしようとする態度を身に付けさせることが大切である。

(3) 言語活動の充実

> (3) 1の(3)の学習活動を通して，言語活動が充実するようにすること。

　今回の改訂においても，従前に引き続き，言語に関する能力の育成を重視し，各教科等において言語活動を充実することとしている。

　理科においても，思考力，判断力，表現力等を育成する学習活動の充実に関わって，第2章第4節理科第3の1(3)で「学校や生徒の実態に応じ，十分な観察や実験の時間，課題解決のために探究する時間などを設けるようにすること。その際，問題を見いだし観察，実験を計画する学習活動，観察，実験の結果を分析し解釈する学習活動，科学的な概念を使用して考えたり説明したりする学習活動などが充実するよう配慮すること。」として，思考力，判断力，表現力等の育成につながる言語活動の充実を求めており，これについては本解説第3章の1(3)に示している。

(4) コンピュータや情報通信ネットワークなどの活用

> （4） 各分野の指導に当たっては，観察，実験の過程での情報の検索，実験，データの処理，実験の計測などにおいて，コンピュータや情報通信ネットワークなどを積極的かつ適切に活用するようにすること。

　理科の学習においては，自然の事物・現象に直接触れ，観察，実験を行い，課題の把握，情報の収集，処理，一般化などを通して科学的に探究する力や態度を育て，理科で育成を目指す資質・能力を養うことが大切である。これらの活動を展開する中で，コンピュータや情報通信ネットワークなどを活用することは，生徒の学習の場を広げたり学習の質を高めたりするための有効な方法である。

　例えば，観察，実験のデータ処理の段階で必要に応じて，コンピュータなどを積極的に活用すれば，生徒の探究の目的に合わせたデータ処理や，グラフを作成したりそこから規則性を見いだしたりすることが容易となる。また，観察，実験の段階でビデオカメラとコンピュータを組み合わせることによって，観察，実験の結果を分析したり，より総合的に考察を深めたりすることができる。あるいは，各種のセンサを用いた計測を行い，通常では計測しにくい量や変化を数値化あるいは視覚化して捉えることや，観測しにくい現象などをシミュレーションすることも可能である。さらに，情報通信ネットワークなどを活用し情報を得て探究を進めるような学習活動も有効である。生徒がコンピュータを利用して考えを表現したり交流したりすることや，各種のデジタル教材を用いて，コンピュータとプロジェクタを組み合わせ，画面を拡大して提示しながら授業を進めることも考えられる。

　コンピュータや情報通信ネットワークなどについては，日常生活でも広く使われるようになっている。生徒が知ることができる対象を拡大し，生徒の思考を支援するために，観察，実験の過程での情報の検索，実験データの処理，実験の計測などにおいて必要に応じ効果的に活用できるよう配慮するとともに，観察，実験の代替としてではなく，自然を調べる活動を支援する有用な道具として位置付ける必要がある。その際，情報通信ネットワークを介して得られた情報は適切なものばかりではないことに留意させる。レポート作成などでは，生徒の考えを観察や実験の結果に基づいて根拠のある記述をさせるようにすることが大切である。

(5) 学習の見通しと振り返り

> (5) 指導に当たっては，生徒が学習の見通しを立てたり学習したことを振り返ったりする活動を計画的に取り入れるよう工夫すること。

　生徒が学習の見通しを立てたり学習したことを振り返ったりする活動を計画的に取り入れ，主体的に学ぼうとする態度を育てることは，生徒の学習意欲の向上に資すると考えられる。さらに，理科においては，図１（９ページ）で示したように，「課題の把握（発見）」，「課題の探究（追究）」，「課題の解決」といった探究の過程を通した学習活動を行い，それぞれの過程において，資質・能力が育成されるよう指導の改善を図ることが必要である。その際，課題の把握の場面では，様々な事物・現象から問題を見いだし，解決可能な課題を設定することが考えられる。また，課題の探究の場面では，仮説を設定し，検証計画を立案し見通しをもって観察，実験を行い，結果を適切に処理することが考えられる。また，課題の解決の場面では，観察，実験などの結果を分析して解釈するとともに，考察が設定した課題と対応しているかなど，探究の過程を振り返ることも考えられる。その他，学習したことを振り返って新たな問題を見いだすことなど，単元など内容や時間のまとまりの中で，主体的に学習の見通しを立てたり，振り返ったりする場面を計画的に取り入れるように工夫することが大切である。

(6) ものづくりの推進

> (6) 原理や法則の理解を深めるためのものづくりを，各内容の特質に応じて適宜行うようにすること。

　理科においては，原理や法則の理解を深めることが重要である。ものづくりはその一つの有効な方法であり，各内容の特質に応じて適宜行うようにすることが大切である。ものづくりは，科学的な原理や法則について実感を伴った理解を促すものとして効果的であり，学習内容と日常生活や社会との関連を図る上でも有効である。

　ものづくりは，学習内容と関連付けた上で指導計画の中に位置付けて行うことが大切であり，学習内容の特質に応じて，学習の導入，展開やまとめなどの際に行うことが考えられる。

　例えば，第１分野では，「(1) 身近な物理現象」において，簡単なカメラ，楽器など，「(3) 電流とその利用」において，簡単なモーターなど，「(4) 化学変化

と原子・分子」において，カイロなどのものづくりが考えられる。

　ものづくりの内容については，高度なものや複雑なものを課題とするのではなく，原理や法則などの理解を深められる課題とし，生徒の創意や工夫が生かせるようにする。また，実施に際しては，道具の操作や薬品の扱いなど安全上の配慮を十分に行う。

(7) 継続的な観察などの充実

> (7) 継続的な観察や季節を変えての定点観測を，各内容の特質に応じて適宜行うようにすること。

　生物の行動や成長の様子などを捉えたり，気象現象や天体の動きについての規則性を見いだしたりするためには，継続的な観察や季節を変えての定点観測を，各内容の特質に応じて適宜行うことが有効である。このような観察や観測を行わせることで，時間に伴う変化の様子を捉えたり，対象とする事象の全体像を把握したりする学習の機会を与えることができる。そのためには，年間の指導計画に位置付けて行うことが大切である。

　例えば，第2分野「(4) 気象とその変化」では，前線の通過時や季節ごとの天気の特徴を把握するために，天気の変化やその規則性を捉えられる程度の期間，気象観測を行わせることが考えられる。「(5) 生命の連続性」では，受精によって新しい個体が生じ，受精卵から複雑な体がつくられることを理解させるため，メダカやウニなどの発生の様子を継続的に観察させることが考えられる。「(6) 地球と宇宙」では，季節を変えて，ある方位に見える星座を観察させたり，同じ時刻に見える星座の位置を一定期間ごとに観察させたりして，それらの観察記録を太陽を中心とした地球の運動と関連付ける学習などが考えられる。

　継続的な観察や季節を変えての定点観測を行う際には，生徒の意欲を持続させるために，事前に興味・関心を十分喚起し，目的を明確にして取り組ませることが重要である。また，記録の際には，変化の様子が分かるように映像を活用して記録させるなど，観察記録の取り方を工夫させることが大切である。なお，実施に際しては，急な天候の変化や夜間の観察などに対する安全上の配慮を十分に行う必要がある。

(8) 体験的な学習活動の充実

> (8) 観察，実験，野外観察などの体験的な学習活動の充実に配慮すること。

> また，環境整備に十分配慮すること。

　体験的な学習は，主体的に学習に取り組む態度を育成するとともに，学ぶことの楽しさや成就感を体得させる上で有効である。このような学習の意義を踏まえ，理科において，観察，実験，野外観察などの体験的な学習に取り組めるようにすることが大切である。

　このような学習を実施するためには，各学校においては，指導計画に適切に位置付けるとともに，教材，指導形態，1単位時間や授業時間の運用など創意工夫を加え，これらの学習を積極的に取り入れることが望まれる。なお，これらの学習を展開するに当たっては，学習の内容と生徒の発達の段階に応じて安全への配慮を十分に行わなければならない。

　理科の学習を改善・充実させるためには，理科室や教材，器具等の物的環境の整備や人的支援など，長期的な展望のもとに計画的に環境整備していくことが大切である。

(9) 博物館や科学学習センターなどとの連携

> (9) 博物館や科学学習センターなどと積極的に連携，協力を図るようにすること。

　生徒の実感を伴った理解を図るために，それぞれの地域にある博物館や科学学習センター，プラネタリウム，植物園，動物園，水族館などの施設を活用することが考えられる。これらの施設は，科学技術の発展や地域の自然に関する豊富な情報源であり，実物に触れたり，専門的な説明を受けたりすることも可能である。これらの活用を指導計画に位置付けることは生徒が学習活動を進める上で効果的である。

　これらの施設の利用の仕方には，生徒を引率して見学や体験をさせることの他に，標本や資料を借り受けたり，専門家や指導者を学校に招いたりすることなどが考えられる。学校と施設とが十分に連絡を取り合い，無理のない計画を立てることが大切である。その際，ねらいを明確にして実施計画を立て，事前，事後の指導を十分に行い，安全に留意する。なお，理科の学習と関連する内容が，総合的な学習の時間や校外学習などで扱われている際には，その関連を踏まえて指導することが重要である。

　また，受講者を募って公開講座や実習などを実施している大学や研究機関，高等学校，企業などもあり，これらと連携，協力しながら学習活動を更に充実して

いくことも考えられる。

(10) 科学技術と日常生活や社会との関連

> (10) 科学技術が日常生活や社会を豊かにしていることや安全性の向上に役立っていることに触れること。また，理科で学習することが様々な職業などと関係していることにも触れること。

　理科で学習した様々な原理や法則は日常生活や社会と深く関わりをもっており，科学技術の発展を支える基礎となっている。このことを，生徒が認識することが大切である。

　科学技術の発展は様々な作業の効率化をもたらすとともに，人力では難しい作業を可能にしてきた。例えば，動力や機械の発達は大規模な作業を効率よく行ったり，多くの人やものを同時に運んだりすることを可能としている。様々な素材の進歩によって，従来の素材のもつ短所が補われ，更に新しい機能をもった製品が生み出されている。医療技術の進歩は怪我や病気の不安から多くの人を守り，健康で安全な生活を支えている。防災や事故防止に関する技術の進歩は，自然災害や事故などに対する様々な備えを可能とし，安全で安心な生活を保障している。情報技術の進歩は大量の情報を正確かつ瞬時に処理することを可能とし，作業の効率化が図られている。また，情報通信ネットワークの普及によって多くの人が情報を取り出したり，交換したりすることが可能になり，離れた場所におけるコミュニケーションが活発に行われるようになった。このように，科学技術の進歩によって，私たちは利便性，安全性を手に入れ，日常生活や社会をより豊かなものに発展させてきた。

　また，様々な環境問題の解決にも，科学技術が深く関わっている。例えば，有害な物質そのものを生じさせない技術，有害な物質に代わる代替物質，ゴミ処理や再利用の方法などが開発されている。さらに，エネルギーを有効に利用する技術の開発が進んでいる。

　学習を進めるに当たっては，様々な原理や法則が科学技術を支えていることに触れ，それらが日常生活や社会に深く関わりをもっていることを認識させる。特に，ものづくりでは，科学的な原理が製品に応用されていることを実感させることが大切である。また，第1分野「(7) 科学技術と人間」ではその総括として，資源の有効利用の重要性，科学技術の発展が私たちの生活を豊かにしたことを扱う。とりわけ，第1分野，第2分野の内容(7)に共通の「ウ(ｱ) 自然環境の保全と科学技術の利用」においては，第1分野と第2分野で学んだことを相互に関連

付け,自然環境の保全と科学技術の利用の在り方について,科学的に考察させ,持続可能な社会をつくっていくことが重要であることを認識させる。

　近年,資源の有効利用に貢献する技術,汚染物質や廃棄物を減らす技術やシステムなどが私たちの生活の中に浸透し,重要性が増している。このことは,ただ利便性や快適性を求めるだけではなく,次世代への負の遺産とならないように,持続可能な社会をつくっていくことの重要性が高まっていることを示している。こうしたことの重要性に気付かせる意味でも,理科の学習の果たす役割は大きい。

　生徒が様々な課題に自立的に対応できるようにしていくためには,生徒に理科を学ぶ意義を実感させ,理科の学習で育成を目指す資質・能力が,様々な職業に関連し生かされることに触れるようにすることが大切である。例えば,科学技術に関係する職業に従事する人の話を聴かせることなどが考えられる。

2 内容の取扱いについての配慮事項

3 事故防止，薬品などの管理及び廃棄物の処理

> 3 観察，実験，野外観察の指導に当たっては，特に事故防止に十分留意するとともに，使用薬品の管理及び廃棄についても適切な措置をとるよう配慮するものとする。

　理科の学習における観察，実験，野外観察などの活動は，科学的な知識を身に付けたり，科学的に探究する力を育てたりする上でも重要なものであり，また，観察，実験の技能は，実際にそれらの活動を行ってはじめて習得されるものである。さらに，生徒の興味・関心や科学的に探究しようとする態度といった情意面での望ましい発達を図るには，実物を直接目にして驚いたり，感動したり，疑問をもったりする観察，実験，野外観察が最適である。このような活動を安全で適切に行うためにも，事故の防止，薬品の管理や廃棄物の処理などについて十分配慮することが必要である。

　事故を心配する余り，観察，実験を行わずに板書による図示や口頭による説明に置き換えるのではなく，観察，実験を安全に行わせることで，危険を認識し，回避する力を養うことが重要である。

(1) 事故の防止について
ア　指導計画などの検討

　年間の指導計画の中に観察，実験，野外観察の目的や内容などを明確にしておくことは，校内の迅速な連携対応，事故防止のためにも不可欠である。また，計画を立てる際には，生徒のその段階における観察，実験の知識及び技能についての習熟度を掌握し，無理のないような観察，実験を選ぶことや，学習の目標や内容に照らして効果的で，安全性の高い観察，実験の方法を選ぶことが大切である。

イ　生徒の実態の把握，連絡網の整備

　日頃から学級担任や養護教諭などと生徒情報の交換を密に行い，授業において配慮すべき生徒については，その実態を把握することが大切である。

　一方，様々な注意をしていても事故が起きる場合もある。こうした際には，負傷者に対する応急処置や医師との連絡，他の生徒に対する指導など，全てを担当の教師一人で対応するのが難しいこともある。校内や野外観察などでの万一の事故や急病人に備えて，保健室，救急病院，関係諸機関，校長及び教職員などの連絡網と連絡の方法を，教職員が見やすい場所に掲示するなどして，全教職員に周知しておくことが必要である。事故発生の際には，保護者への連絡を忘れてはな

らない。

ウ　予備実験と危険要素の検討

　観察，実験の安全を確保するために，予備実験は行っておくことが必要である。例えば，使用する薬品の濃度が高かったり量が多すぎたりすると，急に激しい反応が起こったり有毒な気体が多量に発生したりして事故につながる可能性が高くなるので，適切な実験の方法や条件を確認しておく。特に，グループで実験を行う場合は，全てのグループが同時に実験を行うことを想定し，その危険要素を検討しておく。薬品の扱いについては，その薬品の性質，特に爆発性，引火性，毒性などの危険の有無を調べた上で取り扱うことが大切である。

エ　点検と安全指導

　観察，実験の器具については，整備点検を日頃から心掛けなければならない。これが十分でないと，観察，実験の際，無駄な時間を費やすだけでなく，怪我や事故につながりやすい。また，使用頻度の高いガラス器具などはひび割れが原因で思わぬ事故となることもあり，洗浄が不十分なガラス器具などは，残留している薬品によって予期せぬ反応が起こることなどもあるので事前の点検が大切である。

　一方，生徒にも安全対策に目を向けさせることが大切である。観察，実験において事故を防止するためには，基本操作や正しい器具の使い方などに習熟させるとともに，誤った操作や使い方をしたときの危険性について認識させておくことが重要である。例えば，加熱器具について，それらの機能及び燃料などの特性を十分に理解した上で確実で合理的な加熱器具を選択し，その操作に習熟させるよう指導するとともに，事故例とその原因などを把握しておくことが肝要である。観察，実験中には，ふざけて事故を起こすことのないよう教師の指示に従うこと，机上は整頓して操作を行うこと，危険な水溶液などはトレイの上で扱うこと，終了時には，使用した器具類に薬品が残っていないようにきれいに洗い，元の場所へ返却し，最後に手を洗うこと，余った薬品を返却すること，また，試験管やビーカーを割ってしまったときには教師に報告し，ガラスの破片などをきれいに片付けることなどの観察，実験の基本的な態度を身に付けさせることも必要である。

オ　理科室内の環境整備

　日頃から理科室内を整理整頓しておくことが重要である。理科室では，生徒の使い易い場所に薬品や器具，機器などを配置しそれを周知しておくことも必要である。また，生徒の怪我に備えて救急箱を用意したり，防火対策として消火器や水を入れたバケツを用意したりしておくことが望ましい。さらに，換気にも注意を払うことが必要である。特に，アンモニア，硫化水素，塩素などの刺激臭をもつ気体や有毒な気体を発生させる実験では十分な換気をする必要がある。

カ　観察や実験のときの服装と保護眼鏡の着用

　観察や実験のときの服装についての配慮も大切である。器具に袖口を引っかけて薬品を倒したり，衣服に火が着いて火傷をしたりする例もある。

　これらの事故から身を守るために，余分な飾りがなく機能的な服装をさせること，また，なるべく露出部分が少なく，緊急の場合の脱衣が容易であり引火しにくい素材の服や靴を着用させることが望ましい。前ボタンは必ず留め，長い髪は後ろで束ねて縛っておき，靴は足先が露出せず覆われているものを履くように指導するなどの配慮が必要である。

　また，飛散した水溶液や破砕した岩石片などが目に入る可能性のある観察，実験では，常に保護眼鏡を着用させるようにする。

キ　応急処置と対応

　教師は事故の対策を心得ておくことも大切である。過去に起こった事故や予想される事故を検討し応急処置について日頃から考えておくと事故に遭遇したときでも冷静沈着な行動がとれる。例えば，薬品が眼に入った場合は流水で洗眼をした後，直ちに医師の手当てを受けさせる。火傷をしたときは患部を直ちに冷水で水ぶくれが破けないように冷やし早急に専門の病院へ行かせる。また，生徒が怪我をした場合，応急処置をして医師の手当てを受けさせると同時に怪我をした生徒の保護者への連絡を忘れてはならない。

　平素から校医などと十分に連絡をとり，緊急の時にどのように対処すればよいのかについて具体的に決めておくと，不慮の事故の場合でもより冷静に対処することができる。

ク　野外観察における留意点

　野外観察では，観察予定の場所が崖崩れや落石などの心配のない安全な場所であることを確認するとともに，斜面や水辺での転倒や転落，虫刺されや草木によるかぶれ，交通事故などに注意して安全な観察を行わせるように心掛ける。事前の実地踏査は，観察場所の安全性の確認や観察場所に至るルートの確認という点で重要である。とりわけ，河川などの状況は開発等の人為的な活動や風雨などの気象現象により大きく変わることもあるので注意する。加えて，観察当日の天気や気候にも注意して不慮の事故の発生を防ぐようにする。また，緊急事態の発生に備えて連絡先，避難場所，病院なども調べておくことが必要である。

　野外観察のために河原や雑木林などを歩く場合，靴は滑らないものでしっかりとしたものがよい。服装は，虫刺されやかぶれ，紫外線などの危険から身を守るために，できるだけ露出部分の少ないものが適している。また，日ざしの強い季節には，帽子をかぶることなども必要である。岩石の採集で岩石ハンマーを扱う際には，手袋や保護眼鏡を着用させるようにする。

(2) 薬品などの管理について

　薬品などの管理は，地震や火災，盗難などに備えて，また法令に従い，厳正になされるべきである。その際，関係諸機関とも連絡を密にして行われる必要がある。

　薬品は，一般に直射日光を避け冷所に保管し，異物が混入しないように注意し，火気から遠ざけておく。また，例えば，強酸（塩酸など），強い酸化剤（過酸化水素水など），有機化合物（エタノールなど），発火性物質（硫黄など）などに大別して保管する。地震などにより転倒することがないよう薬品庫の内部に仕切りなどを設けるのも一つの方法である。爆発，火災，中毒などの恐れのある危険な薬品の保管場所や取扱いについては，消防法，火薬類取締法，高圧ガス保安法，毒物及び劇物取締法などの法律で定められている。薬品はこれらの法律に従って類別して薬品庫の中に入れ，紛失や盗難のないよう必ず施錠する。また，万が一危険な薬品の紛失や盗難があったときには直ちに各学校の管理責任者へ届け出る。薬品の購入は年間指導計画に従って最小限にとどめる。特に危険な薬品類は余分に購入しないよう留意する。

　また，薬品在庫簿を備え，時期を決めて定期的に在庫量を調べることが必要である。在庫簿には，薬品の性質，特に爆発性，引火性，毒性などの危険の有無も一緒に記載しておく。

(3) 廃棄物の処理について

　有毒な薬品やこれらを含む廃棄物の処理は，大気汚染防止法，水質汚濁防止法，海洋汚染防止法，廃棄物の処理及び清掃に関する法律など，環境保全関係の法律に従って処理する必要がある。

　中学校では，実験で使用する薬品の年間使用量は危険物取扱いに関する法令による規制の対象となるほど多くはない。しかし，廃棄物の処理は生徒に環境への影響や環境保全の大切さを考えさせるよい機会となる。

　特に，薬品を廃棄する場合，例えば，酸やアルカリの廃液は中和してから多量の水で薄めながら流すなど適切な処理をする必要がある。一方，重金属イオンを含む廃液は流すことを禁じられているのでそのまま廃棄することはせず容器に集めるなど，適切な方法で回収保管し，最終処分は廃棄物処理業者に委託する。また，資源の有効利用や環境保全の観点から，観察，実験の終了後も不純物が混入していない薬品や未使用の薬品などは廃棄せず，利用できるように工夫する。さらに，マイクロスケールの実験など，使用する薬品の量をできる限り少なくした実験を行うことも考えられる。

　危険防止の観点から，反応が完全に終わっていない混合物については，完全に

反応させてから,十分に冷まして安全を確認してから処理することが必要である。

第3章
指導計画の
作成と内容の
取扱い

付録

目次

- 付録1：学校教育法施行規則（抄）
- 付録2：中学校学習指導要領　第1章　総則
- 付録3：中学校学習指導要領　第2章　第4節　理科
- 付録4：小学校学習指導要領　第2章　第4節　理科
- 付録5：中学校学習指導要領　第3章　特別の教科　道徳
- 付録6：「道徳の内容」の学年段階・学校段階の一覧表

学校教育法施行規則（抄）

昭和二十二年五月二十三日文部省令第十一号
一部改正：平成二十九年三月三十一日文部科学省令第二十号
平成三十年八月二十七日文部科学省令第二十七号

第四章　小学校

第二節　教育課程

第五十条　小学校の教育課程は，国語，社会，算数，理科，生活，音楽，図画工作，家庭，体育及び外国語の各教科（以下この節において「各教科」という。），特別の教科である道徳，外国語活動，総合的な学習の時間並びに特別活動によつて編成するものとする。

2　私立の小学校の教育課程を編成する場合は，前項の規定にかかわらず，宗教を加えることができる。この場合においては，宗教をもつて前項の特別の教科である道徳に代えることができる。

第五十四条　児童が心身の状況によつて履修することが困難な各教科は，その児童の心身の状況に適合するように課さなければならない。

第五十五条　小学校の教育課程に関し，その改善に資する研究を行うため特に必要があり，かつ，児童の教育上適切な配慮がなされていると文部科学大臣が認める場合においては，文部科学大臣が別に定めるところにより，第五十条第一項，第五十一条（中学校連携型小学校にあつては第五十二条の三，第七十九条の九第二項に規定する中学校併設型小学校にあつては第七十九条の十二において準用する第七十九条の五第一項）又は第五十二条の規定によらないことができる。

第五十五条の二　文部科学大臣が，小学校において，当該小学校又は当該小学校が設置されている地域の実態に照らし，より効果的な教育を実施するため，当該小学校又は当該地域の特色を生かした特別の教育課程を編成して教育を実施する必要があり，かつ，当該特別の教育課程について，教育基本法（平成十八年法律第百二十号）及び学校教育法第三十条第一項の規定等に照らして適切であり，児童の教育上適切な配慮がなされているものとして文部科学大臣が定める基準を満たしていると認める場合においては，文部科学大臣が別に定めるところにより，第五十条第一項，第五十一条（中学校連携型小学校にあつては第五十二条の三，第七十九条の九第二項に規定する中学校併設型小学校にあつては第七十九条の十二において準用する第七十九条の五第一項）又は第五十二条の規定の全部又は一部によらないことができる。

第五十六条　小学校において，学校生活への適応が困難であるため相当の期間小学校を欠席し引き続き欠席すると認められる児童を対象として，その実態に配慮した特別の教育課程を編成して教育を実施する必要があると文部科学大臣が認める

場合においては，文部科学大臣が別に定めるところにより，第五十条第一項，第五十一条（中学校連携型小学校にあつては第五十二条の三，第七十九条の九第二項に規定する中学校併設型小学校にあつては第七十九条の十二において準用する第七十九条の五第一項）又は第五十二条の規定によらないことができる。

第五十六条の二　小学校において，日本語に通じない児童のうち，当該児童の日本語を理解し，使用する能力に応じた特別の指導を行う必要があるものを教育する場合には，文部科学大臣が別に定めるところにより，第五十条第一項，第五十一条（中学校連携型小学校にあつては第五十二条の三，第七十九条の九第二項に規定する中学校併設型小学校にあつては第七十九条の十二において準用する第七十九条の五第一項）及び第五十二条の規定にかかわらず，特別の教育課程によることができる。

第五十六条の三　前条の規定により特別の教育課程による場合においては,校長は，児童が設置者の定めるところにより他の小学校，義務教育学校の前期課程又は特別支援学校の小学部において受けた授業を，当該児童の在学する小学校において受けた当該特別の教育課程に係る授業とみなすことができる。

第五十六条の四　小学校において，学齢を経過した者のうち，その者の年齢，経験又は勤労の状況その他の実情に応じた特別の指導を行う必要があるものを夜間その他特別の時間において教育する場合には，文部科学大臣が別に定めるところにより，第五十条第一項，第五十一条（中学校連携型小学校にあつては第五十二条の三，第七十九条の九第二項に規定する中学校併設型小学校にあつては第七十九条の十二において準用する第七十九条の五第一項）及び第五十二条の規定にかかわらず，特別の教育課程によることができる。

第三節　学年及び授業日

第六十一条　公立小学校における休業日は，次のとおりとする。ただし，第三号に掲げる日を除き，当該学校を設置する地方公共団体の教育委員会（公立大学法人の設置する小学校にあつては，当該公立大学法人の理事長。第三号において同じ。）が必要と認める場合は，この限りでない。
　一　国民の祝日に関する法律（昭和二十三年法律第百七十八号）に規定する日
　二　日曜日及び土曜日
　三　学校教育法施行令第二十九条第一項の規定により教育委員会が定める日
第六十二条　私立小学校における学期及び休業日は，当該学校の学則で定める。

第五章　中学校

第七十二条　中学校の教育課程は，国語，社会，数学，理科，音楽，美術，保健体育，技術・家庭及び外国語の各教科（以下本章及び第七章中「各教科」という。），特別の教科である道徳，総合的な学習の時間並びに特別活動によつて編成するものとする。

第七十三条　中学校（併設型中学校，第七十四条の二第二項に規定する小学校連携型中学校，第七十五条第二項に規定する連携型中学校及び第七十九条の九第二項に規定する小学校併設型中学校を除く。）の各学年における各教科，特別の教科である道徳，総合的な学習の時間及び特別活動のそれぞれの授業時数並びに各学年におけるこれらの総授業時数は，別表第二に定める授業時数を標準とする。

第七十四条　中学校の教育課程については，この章に定めるもののほか，教育課程の基準として文部科学大臣が別に公示する中学校学習指導要領によるものとする。

第七十九条　第四十一条から第四十九条まで，第五十条第二項，第五十四条から第六十八条までの規定は，中学校に準用する。この場合において，第四十二条中「五学級」とあるのは「二学級」と，第五十五条から第五十六条の二まで及び第五十六条の四の規定中「第五十条第一項」とあるのは「第七十二条」と，「第五十一条（中学校連携型小学校にあつては第五十二条の三，第七十九条の九第二項に規定する中学校併設型小学校にあつては第七十九条の十二において準用する第七十九条の五第一項）」とあるのは「第七十三条（併設型中学校にあつては第百十七条において準用する第百七条，小学校連携型中学校にあつては第七十四条の三，連携型中学校にあつては第七十六条，第七十九条の九第二項に規定する小学校併設型中学校にあつては第七十九条の十二において準用する第七十九条の五第二項）」と，「第五十二条」とあるのは「第七十四条」と，第五十五条の二中「第三十条第一項」とあるのは「第四十六条」と，第五十六条の三中「他の小学校，義務教育学校の前期課程又は特別支援学校の小学部」とあるのは「他の中学校，義務教育学校の後期課程，中等教育学校の前期課程又は特別支援学校の中学部」と読み替えるものとする。

第八章　特別支援教育

第百三十四条の二　校長は，特別支援学校に在学する児童等について個別の教育支援計画（学校と医療，保健，福祉，労働等に関する業務を行う関係機関及び民間団体（次項において「関係機関等」という。）との連携の下に行う当該児童等に

対する長期的な支援に関する計画をいう。）を作成しなければならない。
2　校長は，前項の規定により個別の教育支援計画を作成するに当たつては，当該児童等又はその保護者の意向を踏まえつつ，あらかじめ，関係機関等と当該児童等の支援に関する必要な情報の共有を図らなければならない。

第百三十八条　小学校，中学校若しくは義務教育学校又は中等教育学校の前期課程における特別支援学級に係る教育課程については，特に必要がある場合は，第五十条第一項（第七十九条の六第一項において準用する場合を含む。），第五十一条，第五十二条（第七十九条の六第一項において準用する場合を含む。），第五十二条の三，第七十二条（第七十九条の六第二項及び第百八条第一項において準用する場合を含む。），第七十三条，第七十四条（第七十九条の六第二項及び第百八条第一項において準用する場合を含む。），第七十四条の三，第七十六条，第七十九条の五（第七十九条の十二において準用する場合を含む。）及び第百七条（第百十七条において準用する場合を含む。）の規定にかかわらず，特別の教育課程によることができる。

第百三十九条の二　第百三十四条の二の規定は，小学校，中学校若しくは義務教育学校又は中等教育学校の前期課程における特別支援学級の児童又は生徒について準用する。

第百四十条　小学校，中学校，義務教育学校，高等学校又は中等教育学校において，次の各号のいずれかに該当する児童又は生徒（特別支援学級の児童及び生徒を除く。）のうち当該障害に応じた特別の指導を行う必要があるものを教育する場合には，文部科学大臣が別に定めるところにより，第五十条第一項（第七十九条の六第一項において準用する場合を含む。），第五十一条，第五十二条（第七十九条の六第一項において準用する場合を含む。），第五十二条の三，第七十二条（第七十九条の六第二項及び第百八条第一項において準用する場合を含む。），第七十三条，第七十四条（第七十九条の六第二項及び第百八条第一項において準用する場合を含む。），第七十四条の三，第七十六条，第七十九条の五（第七十九条の十二において準用する場合を含む。），第八十三条及び第八十四条（第百八条第二項において準用する場合を含む。）並びに第百七条（第百十七条において準用する場合を含む。）の規定にかかわらず，特別の教育課程によることができる。

一　言語障害者
二　自閉症者
三　情緒障害者
四　弱視者
五　難聴者
六　学習障害者

七　注意欠陥多動性障害者

八　その他障害のある者で，この条の規定により特別の教育課程による教育を行うことが適当なもの

第百四十一条　前条の規定により特別の教育課程による場合においては，校長は，児童又は生徒が，当該小学校，中学校，義務教育学校，高等学校又は中等教育学校の設置者の定めるところにより他の小学校，中学校，義務教育学校，高等学校，中等教育学校又は特別支援学校の小学部，中学部若しくは高等部において受けた授業を，当該小学校，中学校，義務教育学校，高等学校又は中等教育学校において受けた当該特別の教育課程に係る授業とみなすことができる。

第百四十一条の二　第百三十四条の二の規定は、第百四十条の規定により特別の指導が行われている児童又は生徒について準用する。

附　則（平成二十九年三月三十一日文部科学省令第二十号）

この省令は，平成三十二年四月一日から施行する。

別表第二（第七十三条関係）

区分		第1学年	第2学年	第3学年
各教科の授業時数	国語	140	140	105
	社会	105	105	140
	数学	140	105	140
	理科	105	140	140
	音楽	45	35	35
	美術	45	35	35
	保健体育	105	105	105
	技術・家庭	70	70	35
	外国語	140	140	140
特別の教科である道徳の授業時数		35	35	35
総合的な学習の時間の授業時数		50	70	70
特別活動の授業時数		35	35	35
総授業時数		1015	1015	1015

備考

一　この表の授業時数の一単位時間は，五十分とする。

二　特別活動の授業時数は，中学校学習指導要領で定める学級活動（学校給食に係るものを除く。）に充てるものとする。

中学校学習指導要領　第1章　総則

● 第1　中学校教育の基本と教育課程の役割

1　各学校においては，教育基本法及び学校教育法その他の法令並びにこの章以下に示すところに従い，生徒の人間として調和のとれた育成を目指し，生徒の心身の発達の段階や特性及び学校や地域の実態を十分考慮して，適切な教育課程を編成するものとし，これらに掲げる目標を達成するよう教育を行うものとする。

2　学校の教育活動を進めるに当たっては，各学校において，第3の1に示す主体的・対話的で深い学びの実現に向けた授業改善を通して，創意工夫を生かした特色ある教育活動を展開する中で，次の(1)から(3)までに掲げる事項の実現を図り，生徒に生きる力を育むことを目指すものとする。

(1) 基礎的・基本的な知識及び技能を確実に習得させ，これらを活用して課題を解決するために必要な思考力，判断力，表現力等を育むとともに，主体的に学習に取り組む態度を養い，個性を生かし多様な人々との協働を促す教育の充実に努めること。その際，生徒の発達の段階を考慮して，生徒の言語活動など，学習の基盤をつくる活動を充実するとともに，家庭との連携を図りながら，生徒の学習習慣が確立するよう配慮すること。

(2) 道徳教育や体験活動，多様な表現や鑑賞の活動等を通して，豊かな心や創造性の涵養を目指した教育の充実に努めること。

　　学校における道徳教育は，特別の教科である道徳（以下「道徳科」という。）を要として学校の教育活動全体を通じて行うものであり，道徳科はもとより，各教科，総合的な学習の時間及び特別活動のそれぞれの特質に応じて，生徒の発達の段階を考慮して，適切な指導を行うこと。

　　道徳教育は，教育基本法及び学校教育法に定められた教育の根本精神に基づき，人間としての生き方を考え，主体的な判断の下に行動し，自立した人間として他者と共によりよく生きるための基盤となる道徳性を養うことを目標とすること。

　　道徳教育を進めるに当たっては，人間尊重の精神と生命に対する畏敬の念を家庭，学校，その他社会における具体的な生活の中に生かし，豊かな心をもち，伝統と文化を尊重し，それらを育んできた我が国と郷土を愛し，個性豊かな文化の創造を図るとともに，平和で民主的な国家及び社会の形成者として，公共の精神を尊び，社会及び国家の発展に努め，他国を尊重し，国際社会の平和と発展や環境の保全に貢献し未来を拓く主体性のある日本人の育成に資することとなるよう特に留意すること。

(3) 学校における体育・健康に関する指導を，生徒の発達の段階を考慮して，学校の教育活動全体を通じて適切に行うことにより，健康で安全な生活と豊かなスポーツライフの実現を目指した教育の充実に努めること。特に，学校における食育の推進並びに体力の向上に関する指導，安全に関する指導及び心身の健康の保持増進に関する指導については，保健体育科，技術・家庭科及び特別活動の時間はもとより，各教科，道徳科及び総合的な学習の時間などにおいてもそれぞれの特質に応じて適切に行うよう努めること。また，それらの指導を通して，家庭や地域社会との連携を図りながら，日常生活において適切な体育・健康に関する活動の実践を促し，生涯を通じて健康・安全で活力ある生活を送るための基礎が培われるよう配慮すること。

3　2の(1)から(3)までに掲げる事項の実現を図り，豊かな創造性を備え持続可能な社会の創り手となることが期待される生徒に，生きる力を育むことを目指すに当たっては，学校教育全体並びに各教科，道徳科，総合的な学習の時間及び特別活動（以下「各教科等」という。）ただし，第

2の3の(2)のア及びウにおいて，特別活動については学級活動（学校給食に係るものを除く。）に限る。）の指導を通してどのような資質・能力の育成を目指すのかを明確にしながら，教育活動の充実を図るものとする。その際，生徒の発達の段階や特性等を踏まえつつ，次に掲げることが偏りなく実現できるようにするものとする。
(1) 知識及び技能が習得されるようにすること。
(2) 思考力，判断力，表現力等を育成すること。
(3) 学びに向かう力，人間性等を涵養すること。

4 各学校においては，生徒や学校，地域の実態を適切に把握し，教育の目的や目標の実現に必要な教育の内容等を教科等横断的な視点で組み立てていくこと，教育課程の実施状況を評価してその改善を図っていくこと，教育課程の実施に必要な人的又は物的な体制を確保するとともにその改善を図っていくことなどを通して，教育課程に基づき組織的かつ計画的に各学校の教育活動の質の向上を図っていくこと（以下「カリキュラム・マネジメント」という。）に努めるものとする。

第2　教育課程の編成

1　各学校の教育目標と教育課程の編成

　　教育課程の編成に当たっては，学校教育全体や各教科等における指導を通して育成を目指す資質・能力を踏まえつつ，各学校の教育目標を明確にするとともに，教育課程の編成についての基本的な方針が家庭や地域とも共有されるよう努めるものとする。その際，第4章総合的な学習の時間の第2の1に基づき定められる目標との関連を図るものとする。

2　教科等横断的な視点に立った資質・能力の育成

(1) 各学校においては，生徒の発達の段階を考慮し，言語能力，情報活用能力（情報モラルを含む。），問題発見・解決能力等の学習の基盤となる資質・能力を育成していくことができるよう，各教科等の特質を生かし，教科等横断的な視点から教育課程の編成を図るものとする。

(2) 各学校においては，生徒や学校，地域の実態及び生徒の発達の段階を考慮し，豊かな人生の実現や災害等を乗り越えて次代の社会を形成することに向けた現代的な諸課題に対応して求められる資質・能力を，教科等横断的な視点で育成していくことができるよう，各学校の特色を生かした教育課程の編成を図るものとする。

3　教育課程の編成における共通的事項

(1) 内容等の取扱い

ア　第2章以下に示す各教科，道徳科及び特別活動の内容に関する事項は，特に示す場合を除き，いずれの学校においても取り扱わなければならない。

イ　学校において特に必要がある場合には，第2章以下に示していない内容を加えて指導することができる。また，第2章以下に示す内容の取扱いのうち内容の範囲や程度等を示す事項は，全ての生徒に対して指導するものとする内容の範囲や程度等を示したものであり，学校において特に必要がある場合には，この事項にかかわらず加えて指導することができる。ただし，これらの場合には，第2章以下に示す各教科，道徳科及び特別活動の目標や内容の趣旨を逸脱したり，生徒の負担過重となったりすることのないようにしなければならない。

ウ　第2章以下に示す各教科，道徳科及び特別活動の内容に掲げる事項の順序は，特に示す場合を除き，指導の順序を示すものではないので，学校においては，その取扱いについて適切な工夫を加えるものとする。

エ　学校において2以上の学年の生徒で編制する学級について特に必要がある場合には，各教科の目標の達成に支障のない範囲内で，各教科の目標及び内容について学年別の順序によらないことができる。

オ 各学校においては、生徒や学校、地域の実態を考慮して、生徒の特性等に応じた多様な学習活動が行えるよう、第2章に示す各教科や、特に必要な教科を、選択教科として開設し生徒に履修させることができる。その場合にあっては、全ての生徒に指導すべき内容との関連を図りつつ、選択教科の授業時数及び内容を適切に定め選択教科の指導計画を作成し、生徒の負担過重となることのないようにしなければならない。また、特に必要な教科の名称、目標、内容などについては、各学校が適切に定めるものとする。

カ 道徳科を要として学校の教育活動全体を通じて行う道徳教育の内容は、第3章特別の教科道徳の第2に示す内容とし、その実施に当たっては、第6に示す道徳教育に関する配慮事項を踏まえるものとする。

(2) 授業時数等の取扱い

ア 各教科等の授業は、年間35週以上にわたって行うよう計画し、週当たりの授業時数が生徒の負担過重にならないようにするものとする。ただし、各教科等や学習活動の特質に応じ効果的な場合には、夏季、冬季、学年末等の休業日の期間に授業日を設定する場合を含め、これらの授業を特定の期間に行うことができる。

イ 特別活動の授業のうち、生徒会活動及び学校行事については、それらの内容に応じ、年間、学期ごと、月ごとなどに適切な授業時数を充てるものとする。

ウ 各学校の時間割については、次の事項を踏まえ適切に編成するものとする。

(ｱ) 各教科等のそれぞれの授業の1単位時間は、各学校において、各教科等の年間授業時数を確保しつつ、生徒の発達の段階及び各教科等や学習活動の特質を考慮して適切に定めること。

(ｲ) 各教科等の特質に応じ、10分から15分程度の短い時間を活用して特定の教科等の指導を行う場合において、当該教科等を担当する教師が、単元や題材など内容や時間のまとまりを見通した中で、その指導内容の決定や指導の成果の把握と活用等を責任をもって行う体制が整備されているときは、その時間を当該教科等の年間授業時数に含めることができること。

(ｳ) 給食、休憩などの時間については、各学校において工夫を加え、適切に定めること。

(ｴ) 各学校において、生徒や学校、地域の実態、各教科等や学習活動の特質等に応じて、創意工夫を生かした時間割を弾力的に編成できること。

エ 総合的な学習の時間における学習活動により、特別活動の学校行事に掲げる各行事の実施と同様の成果が期待できる場合においては、総合的な学習の時間における学習活動をもって相当する特別活動の学校行事に掲げる各行事の実施に替えることができる。

(3) 指導計画の作成等に当たっての配慮事項

各学校においては、次の事項に配慮しながら、学校の創意工夫を生かし、全体として、調和のとれた具体的な指導計画を作成するものとする。

ア 各教科等の指導内容については、(1)のアを踏まえつつ、単元や題材など内容や時間のまとまりを見通しながら、そのまとめ方や重点の置き方に適切な工夫を加え、第3の1に示す主体的・対話的で深い学びの実現に向けた授業改善を通して資質・能力を育む効果的な指導ができるようにすること。

イ 各教科等及び各学年相互間の関連を図り、系統的、発展的な指導ができるようにすること。

4 学校段階間の接続

教育課程の編成に当たっては、次の事項に配慮しながら、学校段階間の接続を図るものとする。

(1) 小学校学習指導要領を踏まえ、小学校教育までの学習の成果が中学校教育に円滑に接続され、義務教育段階の終わりまでに育成することを目指す資質・能力を、生徒が確実に身に付けることができるよう工夫すること。特に、義務教育学校、小学校連携型中学校及び小学校併設型中

学校においては，義務教育9年間を見通した計画的かつ継続的な教育課程を編成すること。
(2) 高等学校学習指導要領を踏まえ，高等学校教育及びその後の教育との円滑な接続が図られるよう工夫すること。特に，中等教育学校，連携型中学校及び併設型中学校においては，中等教育6年間を見通した計画的かつ継続的な教育課程を編成すること。

● 第3　教育課程の実施と学習評価

1　主体的・対話的で深い学びの実現に向けた授業改善
　各教科等の指導に当たっては，次の事項に配慮するものとする。
(1) 第1の3の(1)から(3)までに示すことが偏りなく実現されるよう，単元や題材など内容や時間のまとまりを見通しながら，生徒の主体的・対話的で深い学びの実現に向けた授業改善を行うこと。
　　特に，各教科等において身に付けた知識及び技能を活用したり，思考力，判断力，表現力等や学びに向かう力，人間性等を発揮させたりして，学習の対象となる物事を捉え思考することにより，各教科等の特質に応じた物事を捉える視点や考え方（以下「見方・考え方」という。）が鍛えられていくことに留意し，生徒が各教科等の特質に応じた見方・考え方を働かせながら，知識を相互に関連付けてより深く理解したり，情報を精査して考えを形成したり，問題を見いだして解決策を考えたり，思いや考えを基に創造したりすることに向かう過程を重視した学習の充実を図ること。
(2) 第2の2の(1)に示す言語能力の育成を図るため，各学校において必要な言語環境を整えるとともに，国語科を要としつつ各教科等の特質に応じて，生徒の言語活動を充実すること。あわせて，(7)に示すとおり読書活動を充実すること。
(3) 第2の2の(1)に示す情報活用能力の育成を図るため，各学校において，コンピュータや情報通信ネットワークなどの情報手段を活用するために必要な環境を整え，これらを適切に活用した学習活動の充実を図ること。また，各種の統計資料や新聞，視聴覚教材や教育機器などの教材・教具の適切な活用を図ること。
(4) 生徒が学習の見通しを立てたり学習したことを振り返ったりする活動を，計画的に取り入れるように工夫すること。
(5) 生徒が生命の有限性や自然の大切さ，主体的に挑戦してみることや多様な他者と協働することの重要性などを実感しながら理解することができるよう，各教科等の特質に応じた体験活動を重視し，家庭や地域社会と連携しつつ体系的・継続的に実施できるよう工夫すること。
(6) 生徒が自ら学習課題や学習活動を選択する機会を設けるなど，生徒の興味・関心を生かした自主的，自発的な学習が促されるよう工夫すること。
(7) 学校図書館を計画的に利用しその機能の活用を図り，生徒の主体的・対話的で深い学びの実現に向けた授業改善に生かすとともに，生徒の自主的，自発的な学習活動や読書活動を充実すること。また，地域の図書館や博物館，美術館，劇場，音楽堂等の施設の活用を積極的に図り，資料を活用した情報の収集や鑑賞等の学習活動を充実すること。

2　学習評価の充実
　学習評価の実施に当たっては，次の事項に配慮するものとする。
(1) 生徒のよい点や進歩の状況などを積極的に評価し，学習したことの意義や価値を実感できるようにすること。また，各教科等の目標の実現に向けた学習状況を把握する観点から，単元や題材など内容や時間のまとまりを見通しながら評価の場面や方法を工夫して，学習の過程や成果を評価し，指導の改善や学習意欲の向上を図り，資質・能力の育成に生かすようにすること。
(2) 創意工夫の中で学習評価の妥当性や信頼性が高められるよう，組織的かつ計画的な取組を推

進するとともに，学年や学校段階を越えて生徒の学習の成果が円滑に接続されるように工夫すること。

● 第4　生徒の発達の支援

1　生徒の発達を支える指導の充実

　　教育課程の編成及び実施に当たっては，次の事項に配慮するものとする。

(1) 学習や生活の基盤として，教師と生徒との信頼関係及び生徒相互のよりよい人間関係を育てるため，日頃から学級経営の充実を図ること。また，主に集団の場面で必要な指導や援助を行うガイダンスと，個々の生徒の多様な実態を踏まえ，一人一人が抱える課題に個別に対応した指導を行うカウンセリングの双方により，生徒の発達を支援すること。

(2) 生徒が，自己の存在感を実感しながら，よりよい人間関係を形成し，有意義で充実した学校生活を送る中で，現在及び将来における自己実現を図っていくことができるよう，生徒理解を深め，学習指導と関連付けながら，生徒指導の充実を図ること。

(3) 生徒が，学ぶことと自己の将来とのつながりを見通しながら，社会的・職業的自立に向けて必要な基盤となる資質・能力を身に付けていくことができるよう，特別活動を要としつつ各教科等の特質に応じて，キャリア教育の充実を図ること。その中で，生徒が自らの生き方を考え主体的に進路を選択することができるよう，学校の教育活動全体を通じ，組織的かつ計画的な進路指導を行うこと。

(4) 生徒が，基礎的・基本的な知識及び技能の習得も含め，学習内容を確実に身に付けることができるよう，生徒や学校の実態に応じ，個別学習やグループ別学習，繰り返し学習，学習内容の習熟の程度に応じた学習，生徒の興味・関心等に応じた課題学習，補充的な学習や発展的な学習などの学習活動を取り入れることや，教師間の協力による指導体制を確保することなど，指導方法や指導体制の工夫改善により，個に応じた指導の充実を図ること。その際，第3の1の(3)に示す情報手段や教材・教具の活用を図ること。

2　特別な配慮を必要とする生徒への指導

(1) 障害のある生徒などへの指導

　ア　障害のある生徒などについては，特別支援学校等の助言又は援助を活用しつつ，個々の生徒の障害の状態等に応じた指導内容や指導方法の工夫を組織的かつ計画的に行うものとする。

　イ　特別支援学級において実施する特別の教育課程については，次のとおり編成するものとする。

　　(ｱ) 障害による学習上又は生活上の困難を克服し自立を図るため，特別支援学校小学部・中学部学習指導要領第7章に示す自立活動を取り入れること。

　　(ｲ) 生徒の障害の程度や学級の実態等を考慮の上，各教科の目標や内容を下学年の教科の目標や内容に替えたり，各教科を，知的障害者である生徒に対する教育を行う特別支援学校の各教科に替えたりするなどして，実態に応じた教育課程を編成すること。

　ウ　障害のある生徒に対して，通級による指導を行い，特別の教育課程を編成する場合には，特別支援学校小学部・中学部学習指導要領第7章に示す自立活動の内容を参考とし，具体的な目標や内容を定め，指導を行うものとする。その際，効果的な指導が行われるよう，各教科等と通級による指導との関連を図るなど，教師間の連携に努めるものとする。

　エ　障害のある生徒などについては，家庭，地域及び医療や福祉，保健，労働等の業務を行う関係機関との連携を図り，長期的な視点で生徒への教育的支援を行うために，個別の教育支援計画を作成し活用することに努めるとともに，各教科等の指導に当たって，個々の生徒の

実態を的確に把握し，個別の指導計画を作成し活用することに努めるものとする。特に，特別支援学級に在籍する生徒や通級による指導を受ける生徒については，個々の生徒の実態を的確に把握し，個別の教育支援計画や個別の指導計画を作成し，効果的に活用するものとする。

(2) 海外から帰国した生徒などの学校生活への適応や，日本語の習得に困難のある生徒に対する日本語指導

ア　海外から帰国した生徒などについては，学校生活への適応を図るとともに，外国における生活経験を生かすなどの適切な指導を行うものとする。

イ　日本語の習得に困難のある生徒については，個々の生徒の実態に応じた指導内容や指導方法の工夫を組織的かつ計画的に行うものとする。特に，通級による日本語指導については，教師間の連携に努め，指導についての計画を個別に作成することなどにより，効果的な指導に努めるものとする。

(3) 不登校生徒への配慮

ア　不登校生徒については，保護者や関係機関と連携を図り，心理や福祉の専門家の助言又は援助を得ながら，社会的自立を目指す観点から，個々の生徒の実態に応じた情報の提供その他の必要な支援を行うものとする。

イ　相当の期間中学校を欠席し引き続き欠席すると認められる生徒を対象として，文部科学大臣が認める特別の教育課程を編成する場合には，生徒の実態に配慮した教育課程を編成するとともに，個別学習やグループ別学習など指導方法や指導体制の工夫改善に努めるものとする。

(4) 学齢を経過した者への配慮

ア　夜間その他の特別の時間に授業を行う課程において学齢を経過した者を対象として特別の教育課程を編成する場合には，学齢を経過した者の年齢，経験又は勤労状況その他の実情を踏まえ，中学校教育の目的及び目標並びに第2章以下に示す各教科等の目標に照らして，中学校教育を通じて育成を目指す資質・能力を身に付けることができるようにするものとする。

イ　学齢を経過した者を教育する場合には，個別学習やグループ別学習など指導方法や指導体制の工夫改善に努めるものとする。

第5　学校運営上の留意事項

1　教育課程の改善と学校評価，教育課程外の活動との連携等

ア　各学校においては，校長の方針の下に，校務分掌に基づき教職員が適切に役割を分担しつつ，相互に連携しながら，各学校の特色を生かしたカリキュラム・マネジメントを行うよう努めるものとする。また，各学校が行う学校評価については，教育課程の編成，実施，改善が教育活動や学校運営の中核となることを踏まえ，カリキュラム・マネジメントと関連付けながら実施するよう留意するものとする。

イ　教育課程の編成及び実施に当たっては，学校保健計画，学校安全計画，食に関する指導の全体計画，いじめの防止等のための対策に関する基本的な方針など，各分野における学校の全体計画等と関連付けながら，効果的な指導が行われるように留意するものとする。

ウ　教育課程外の学校教育活動と教育課程の関連が図られるように留意するものとする。特に，生徒の自主的，自発的な参加により行われる部活動については，スポーツや文化，科学等に親しませ，学習意欲の向上や責任感，連帯感の涵養等，学校教育が目指す資質・能力の育成に資するものであり，学校教育の一環として，教育課程との関連が図られるよう留意すること。その際，学校や地域の実態に応じ，地域の人々の協力，社会教育施設や社会教育関係団

体等の各種団体との連携などの運営上の工夫を行い，持続可能な運営体制が整えられるようにするものとする。
2　家庭や地域社会との連携及び協働と学校間の連携
　教育課程の編成及び実施に当たっては，次の事項に配慮するものとする。
　ア　学校がその目的を達成するため，学校や地域の実態等に応じ，教育活動の実施に必要な人的又は物的な体制を家庭や地域の人々の協力を得ながら整えるなど，家庭や地域社会との連携及び協働を深めること。また，高齢者や異年齢の子供など，地域における世代を越えた交流の機会を設けること。
　イ　他の中学校や，幼稚園，認定こども園，保育所，小学校，高等学校，特別支援学校などとの間の連携や交流を図るとともに，障害のある幼児児童生徒との交流及び共同学習の機会を設け，共に尊重し合いながら協働して生活していく態度を育むようにすること。

第6　道徳教育に関する配慮事項

　道徳教育を進めるに当たっては，道徳教育の特質を踏まえ，前項までに示す事項に加え，次の事項に配慮するものとする。
1　各学校においては，第1の2の(2)に示す道徳教育の目標を踏まえ，道徳教育の全体計画を作成し，校長の方針の下に，道徳教育の推進を主に担当する教師（以下「道徳教育推進教師」という。）を中心に，全教師が協力して道徳教育を展開すること。なお，道徳教育の全体計画の作成に当たっては，生徒や学校，地域の実態を考慮して，学校の道徳教育の重点目標を設定するとともに，道徳科の指導方針，第3章特別の教科道徳の第2に示す内容との関連を踏まえた各教科，総合的な学習の時間及び特別活動における指導の内容及び時期並びに家庭や地域社会との連携の方法を示すこと。
2　各学校においては，生徒の発達の段階や特性等を踏まえ，指導内容の重点化を図ること。その際，小学校における道徳教育の指導内容を更に発展させ，自立心や自律性を高め，規律ある生活をすること，生命を尊重する心や自らの弱さを克服して気高く生きようとする心を育てること，法やきまりの意義に関する理解を深めること，自らの将来の生き方を考え主体的に社会の形成に参画する意欲と態度を養うこと，伝統と文化を尊重し，それらを育んできた我が国と郷土を愛するとともに，他国を尊重すること，国際社会に生きる日本人としての自覚を身に付けることに留意すること。
3　学校や学級内の人間関係や環境を整えるとともに，職場体験活動やボランティア活動，自然体験活動，地域の行事への参加などの豊かな体験を充実すること。また，道徳教育の指導内容が，生徒の日常生活に生かされるようにすること。その際，いじめの防止や安全の確保等にも資することとなるよう留意すること。
4　学校の道徳教育の全体計画や道徳教育に関する諸活動などの情報を積極的に公表したり，道徳教育の充実のために家庭や地域の人々の積極的な参加や協力を得たりするなど，家庭や地域社会との共通理解を深め，相互の連携を図ること。

中学校学習指導要領 第2章 第4節 理科

第1 目標

自然の事物・現象に関わり，理科の見方・考え方を働かせ，見通しをもって観察，実験を行うことなどを通して，自然の事物・現象を科学的に探究するために必要な資質・能力を次のとおり育成することを目指す。

(1) 自然の事物・現象についての理解を深め，科学的に探究するために必要な観察，実験などに関する基本的な技能を身に付けるようにする。
(2) 観察，実験などを行い，科学的に探究する力を養う。
(3) 自然の事物・現象に進んで関わり，科学的に探究しようとする態度を養う。

第2 各分野の目標及び内容

〔第1分野〕
1 目標

物質やエネルギーに関する事物・現象を科学的に探究するために必要な資質・能力を次のとおり育成することを目指す。

(1) 物質やエネルギーに関する事物・現象についての観察，実験などを行い，身近な物理現象，電流とその利用，運動とエネルギー，身の回りの物質，化学変化と原子・分子，化学変化とイオンなどについて理解するとともに，科学技術の発展と人間生活との関わりについて認識を深めるようにする。また，それらを科学的に探究するために必要な観察，実験などに関する基本的な技能を身に付けるようにする。
(2) 物質やエネルギーに関する事物・現象に関わり，それらの中に問題を見いだし見通しをもって観察，実験などを行い，その結果を分析して解釈し表現するなど，科学的に探究する活動を通して，規則性を見いだしたり課題を解決したりする力を養う。
(3) 物質やエネルギーに関する事物・現象に進んで関わり，科学的に探究しようとする態度を養うとともに，自然を総合的に見ることができるようにする。

2 内容

(1) 身近な物理現象

身近な物理現象についての観察，実験などを通して，次の事項を身に付けることができるよう指導する。

ア 身近な物理現象を日常生活や社会と関連付けながら，次のことを理解するとともに，それらの観察，実験などに関する技能を身に付けること。

(ア) 光と音
㋐ 光の反射・屈折
光の反射や屈折の実験を行い，光が水やガラスなどの物質の境界面で反射，屈折するときの規則性を見いだして理解すること。
㋑ 凸レンズの働き
凸レンズの働きについての実験を行い，物体の位置と像のでき方との関係を見いだして理解すること。
㋒ 音の性質

　　　　　音についての実験を行い，音はものが振動することによって生じ空気中などを伝わること及び音の高さや大きさは発音体の振動の仕方に関係することを見いだして理解すること。

　　(ｲ) 力の働き
　　　㋐ 力の働き
　　　　　物体に力を働かせる実験を行い，物体に力が働くとその物体が変形したり動き始めたり，運動の様子が変わったりすることを見いだして理解するとともに，力は大きさと向きによって表されることを知ること。また，物体に働く２力についての実験を行い，力がつり合うときの条件を見いだして理解すること。

　イ　身近な物理現象について，問題を見いだし見通しをもって観察，実験などを行い，光の反射や屈折，凸レンズの働き，音の性質，力の働きの規則性や関係性を見いだして表現すること。

(2) 身の回りの物質

　身の回りの物質についての観察，実験などを通して，次の事項を身に付けることができるよう指導する。

　ア　身の回りの物質の性質や変化に着目しながら，次のことを理解するとともに，それらの観察，実験などに関する技能を身に付けること。

　　(ｱ) 物質のすがた
　　　㋐ 身の回りの物質とその性質
　　　　　身の回りの物質の性質を様々な方法で調べる実験を行い，物質には密度や加熱したときの変化など固有の性質と共通の性質があることを見いだして理解するとともに，実験器具の操作，記録の仕方などの技能を身に付けること。
　　　㋑ 気体の発生と性質
　　　　　気体を発生させてその性質を調べる実験を行い，気体の種類による特性を理解するとともに，気体を発生させる方法や捕集法などの技能を身に付けること。

　　(ｲ) 水溶液
　　　㋐ 水溶液
　　　　　水溶液から溶質を取り出す実験を行い，その結果を溶解度と関連付けて理解すること。

　　(ｳ) 状態変化
　　　㋐ 状態変化と熱
　　　　　物質の状態変化についての観察，実験を行い，状態変化によって物質の体積は変化するが質量は変化しないことを見いだして理解すること。
　　　㋑ 物質の融点と沸点
　　　　　物質は融点や沸点を境に状態が変化することを知るとともに，混合物を加熱する実験を行い，沸点の違いによって物質の分離ができることを見いだして理解すること。

　イ　身の回りの物質について，問題を見いだし見通しをもって観察，実験などを行い，物質の性質や状態変化における規則性を見いだして表現すること。

(3) 電流とその利用

　電流とその利用についての観察，実験などを通して，次の事項を身に付けることができるよう指導する。

　ア　電流，磁界に関する事物・現象を日常生活や社会と関連付けながら，次のことを理解するとともに，それらの観察，実験などに関する技能を身に付けること。

付録3

(ｱ) 電流

[ア] 回路と電流・電圧

回路をつくり，回路の電流や電圧を測定する実験を行い，回路の各点を流れる電流や各部に加わる電圧についての規則性を見いだして理解すること。

[イ] 電流・電圧と抵抗

金属線に加わる電圧と電流を測定する実験を行い，電圧と電流の関係を見いだして理解するとともに，金属線には電気抵抗があることを理解すること。

[ウ] 電気とそのエネルギー

電流によって熱や光などを発生させる実験を行い，熱や光などが取り出せること及び電力の違いによって発生する熱や光などの量に違いがあることを見いだして理解すること。

[エ] 静電気と電流

異なる物質同士をこすり合わせると静電気が起こり，帯電した物体間では空間を隔てて力が働くこと及び静電気と電流には関係があることを見いだして理解すること。

(ｲ) 電流と磁界

[ア] 電流がつくる磁界

磁石や電流による磁界の観察を行い，磁界を磁力線で表すことを理解するとともに，コイルの回りに磁界ができることを知ること。

[イ] 磁界中の電流が受ける力

磁石とコイルを用いた実験を行い，磁界中のコイルに電流を流すと力が働くことを見いだして理解すること。

[ウ] 電磁誘導と発電

磁石とコイルを用いた実験を行い，コイルや磁石を動かすことにより電流が得られることを見いだして理解するとともに，直流と交流の違いを理解すること。

イ 電流，磁界に関する現象について，見通しをもって解決する方法を立案して観察，実験などを行い，その結果を分析して解釈し，電流と電圧，電流の働き，静電気，電流と磁界の規則性や関係性を見いだして表現すること。

(4) 化学変化と原子・分子

化学変化についての観察，実験などを通して，次の事項を身に付けることができるよう指導する。

ア 化学変化を原子や分子のモデルと関連付けながら，次のことを理解するとともに，それらの観察，実験などに関する技能を身に付けること。

(ｱ) 物質の成り立ち

[ア] 物質の分解

物質を分解する実験を行い，分解して生成した物質は元の物質とは異なることを見いだして理解すること。

[イ] 原子・分子

物質は原子や分子からできていることを理解するとともに，物質を構成する原子の種類は記号で表されることを知ること。

(ｲ) 化学変化

[ア] 化学変化

2種類の物質を反応させる実験を行い，反応前とは異なる物質が生成することを見いだして理解するとともに，化学変化は原子や分子のモデルで説明できること，化合物の組成は化学式で表されること及び化学変化は化学反応式で表されることを理解すること。

付録3

㋑　化学変化における酸化と還元
　　　　　酸化や還元の実験を行い，酸化や還元は酸素が関係する反応であることを見いだして理解すること。
　　　㋒　化学変化と熱
　　　　　化学変化によって熱を取り出す実験を行い，化学変化には熱の出入りが伴うことを見いだして理解すること。
　　(ウ)　化学変化と物質の質量
　　　㋐　化学変化と質量の保存
　　　　　化学変化の前後における物質の質量を測定する実験を行い，反応物の質量の総和と生成物の質量の総和が等しいことを見いだして理解すること。
　　　㋑　質量変化の規則性
　　　　　化学変化に関係する物質の質量を測定する実験を行い，反応する物質の質量の間には一定の関係があることを見いだして理解すること。
　イ　化学変化について，見通しをもって解決する方法を立案して観察，実験などを行い，原子や分子と関連付けてその結果を分析して解釈し，化学変化における物質の変化やその量的な関係を見いだして表現すること。
(5)　運動とエネルギー
　　物体の運動とエネルギーについての観察，実験などを通して，次の事項を身に付けることができるよう指導する。
　ア　物体の運動とエネルギーを日常生活や社会と関連付けながら，次のことを理解するとともに，それらの観察，実験などに関する技能を身に付けること。
　　(ア)　力のつり合いと合成・分解
　　　㋐　水中の物体に働く力
　　　　　水圧についての実験を行い，その結果を水の重さと関連付けて理解すること。また，水中にある物体には浮力が働くことを知ること。
　　　㋑　力の合成・分解
　　　　　力の合成と分解についての実験を行い，合力や分力の規則性を理解すること。
　　(イ)　運動の規則性
　　　㋐　運動の速さと向き
　　　　　物体の運動についての観察，実験を行い，運動には速さと向きがあることを知ること。
　　　㋑　力と運動
　　　　　物体に力が働く運動及び力が働かない運動についての観察，実験を行い，力が働く運動では運動の向きや時間の経過に伴って物体の速さが変わること及び力が働かない運動では物体は等速直線運動することを見いだして理解すること。
　　(ウ)　力学的エネルギー
　　　㋐　仕事とエネルギー
　　　　　仕事に関する実験を行い，仕事と仕事率について理解すること。また，衝突の実験を行い，物体のもつ力学的エネルギーは物体が他の物体になしうる仕事で測れることを理解すること。
　　　㋑　力学的エネルギーの保存
　　　　　力学的エネルギーに関する実験を行い，運動エネルギーと位置エネルギーが相互に移り変わることを見いだして理解するとともに，力学的エネルギーの総量が保存されることを理解すること。
　イ　運動とエネルギーについて，見通しをもって観察，実験などを行い，その結果を分析して

付録3

解釈し，力のつり合い，合成や分解，物体の運動，力学的エネルギーの規則性や関係性を見いだして表現すること。また，探究の過程を振り返ること。

(6) 化学変化とイオン

化学変化についての観察，実験などを通して，次の事項を身に付けることができるよう指導する。

ア 化学変化をイオンのモデルと関連付けながら，次のことを理解するとともに，それらの観察，実験などに関する技能を身に付けること。

(ア) 水溶液とイオン

㋐ 原子の成り立ちとイオン

水溶液に電圧をかけ電流を流す実験を行い，水溶液には電流が流れるものと流れないものとがあることを見いだして理解すること。また，電解質水溶液に電圧をかけ電流を流す実験を行い，電極に物質が生成することからイオンの存在を知るとともに，イオンの生成が原子の成り立ちに関係することを知ること。

㋑ 酸・アルカリ

酸とアルカリの性質を調べる実験を行い，酸とアルカリのそれぞれの特性が水素イオンと水酸化物イオンによることを知ること。

㋒ 中和と塩

中和反応の実験を行い，酸とアルカリを混ぜると水と塩が生成することを理解すること。

(イ) 化学変化と電池

㋐ 金属イオン

金属を電解質水溶液に入れる実験を行い，金属によってイオンへのなりやすさが異なることを見いだして理解すること。

㋑ 化学変化と電池

電解質水溶液と2種類の金属などを用いた実験を行い，電池の基本的な仕組みを理解するとともに，化学エネルギーが電気エネルギーに変換されていることを知ること。

イ 化学変化について，見通しをもって観察，実験などを行い，イオンと関連付けてその結果を分析して解釈し，化学変化における規則性や関係性を見いだして表現すること。また，探究の過程を振り返ること。

(7) 科学技術と人間

科学技術と人間との関わりについての観察，実験などを通して，次の事項を身に付けることができるよう指導する。

ア 日常生活や社会と関連付けながら，次のことを理解するとともに，それらの観察，実験などに関する技能を身に付けること。

(ア) エネルギーと物質

㋐ エネルギーとエネルギー資源

様々なエネルギーとその変換に関する観察，実験などを通して，日常生活や社会では様々なエネルギーの変換を利用していることを見いだして理解すること。また，人間は，水力，火力，原子力，太陽光などからエネルギーを得ていることを知るとともに，エネルギー資源の有効な利用が大切であることを認識すること。

㋑ 様々な物質とその利用

物質に関する観察，実験などを通して，日常生活や社会では，様々な物質が幅広く利用されていることを理解するとともに，物質の有効な利用が大切であることを認識すること。

㋒　科学技術の発展
　　　　　科学技術の発展の過程を知るとともに，科学技術が人間の生活を豊かで便利にしていることを認識すること。
　　(イ)　自然環境の保全と科学技術の利用
　　　㋐　自然環境の保全と科学技術の利用
　　　　　自然環境の保全と科学技術の利用の在り方について科学的に考察することを通して，持続可能な社会をつくることが重要であることを認識すること。
　イ　日常生活や社会で使われているエネルギーや物質について，見通しをもって観察，実験などを行い，その結果を分析して解釈するとともに，自然環境の保全と科学技術の利用の在り方について，科学的に考察して判断すること。

3　内容の取扱い

(1)　内容の(1)から(7)までについては，それぞれのアに示す知識及び技能とイに示す思考力，判断力，表現力等とを相互に関連させながら，3年間を通じて科学的に探究するために必要な資質・能力の育成を目指すものとする。

(2)　内容の(1)から(7)までのうち，(1)及び(2)は第1学年，(3)及び(4)は第2学年，(5)から(7)までは第3学年で取り扱うものとする。

(3)　内容の(1)については，次のとおり取り扱うものとする。
　ア　アの(ア)の㋐については，全反射も扱い，光の屈折では入射角と屈折角の定性的な関係にも触れること。また，白色光はプリズムなどによっていろいろな色の光に分かれることにも触れること。
　イ　アの(ア)の㋑については，物体の位置に対する像の位置や像の大きさの定性的な関係を調べること。その際，実像と虚像を扱うこと。
　ウ　アの(ア)の㋒については，音の伝わる速さについて，空気中を伝わるおよその速さにも触れること。
　エ　アの(イ)の㋐については，ばねに加える力の大きさとばねの伸びとの関係も扱うこと。また，重さと質量との違いにも触れること。力の単位としては「ニュートン」を用いること。

(4)　内容の(2)については，次のとおり取り扱うものとする。
　ア　アの(ア)の㋐については，有機物と無機物との違いや金属と非金属との違いを扱うこと。
　イ　アの(ア)の㋑については，異なる方法を用いても同一の気体が得られることにも触れること。
　ウ　アの(イ)の㋐については，粒子のモデルと関連付けて扱い，質量パーセント濃度にも触れること。また，「溶解度」については，溶解度曲線にも触れること。
　エ　アの(ウ)の㋐については，粒子のモデルと関連付けて扱うこと。その際，粒子の運動にも触れること。

(5)　内容の(3)については，次のとおり取り扱うものとする。
　ア　アの(ア)の㋐の「回路」については，直列及び並列の回路を取り上げ，それぞれについて二つの抵抗のつなぎ方を中心に扱うこと。
　イ　アの(ア)の㋑の「電気抵抗」については，物質の種類によって抵抗の値が異なることを扱うこと。また，二つの抵抗をつなぐ場合の合成抵抗にも触れること。
　ウ　アの(ア)の㋒については，電力量も扱うこと。その際，熱量にも触れること。
　エ　アの(ア)の㋓については，電流が電子の流れに関係していることを扱うこと。また，真空放電と関連付けながら放射線の性質と利用にも触れること。
　オ　アの(イ)の㋑については，電流の向きや磁界の向きを変えたときに力の向きが変わること

付録3

を扱うこと。

カ　アの(ｲ)の㋒については，コイルや磁石を動かす向きを変えたときに電流の向きが変わることを扱うこと。

(6) 内容の(4)については，次のとおり取り扱うものとする。

ア　アの(ｱ)の㋑の「物質を構成する原子の種類」を元素ということにも触れること。また，「記号」については，元素記号で表されることにも触れ，基礎的なものを取り上げること。その際，周期表を用いて多くの種類が存在することにも触れること。

イ　アの(ｲ)の㋐の「化学式」及び「化学反応式」については，簡単なものを扱うこと。

ウ　アの(ｲ)の㋑の「酸化や還元」については，簡単なものを扱うこと。

(7) 内容の(5)については，次のとおり取り扱うものとする。

ア　アの(ｱ)の㋐については，水中にある物体には，あらゆる向きから圧力が働くことにも触れること。また，物体に働く水圧と浮力との定性的な関係にも触れること。

イ　アの(ｲ)の㋐については，物体に力が働くとき反対向きにも力が働くことにも触れること。

ウ　アの(ｲ)の㋑の「力が働く運動」のうち，落下運動については斜面に沿った運動を中心に扱うこと。その際，斜面の角度が90度になったときに自由落下になることにも触れること。「物体の速さが変わること」については，定性的に扱うこと。

エ　アの(ｳ)の㋐については，仕事の原理にも触れること。

オ　アの(ｳ)の㋑については，摩擦にも触れること。

(8) 内容の(6)については，次のとおり取り扱うものとする。

ア　アの(ｱ)の㋐の「原子の成り立ち」については，原子が電子と原子核からできていることを扱うこと。その際，原子核が陽子と中性子でできていることや，同じ元素でも中性子の数が異なる原子があることにも触れること。また，「イオン」については，化学式で表されることにも触れること。

イ　アの(ｱ)の㋑については，pHにも触れること。

ウ　アの(ｱ)の㋒については，水に溶ける塩と水に溶けない塩があることにも触れること。

エ　アの(ｲ)の㋐の「金属イオン」については，基礎的なものを扱うこと。

オ　アの(ｲ)の㋑の「電池」については，電極で起こる反応をイオンのモデルと関連付けて扱うこと。その際，「電池の基本的な仕組み」については，ダニエル電池を取り上げること。また，日常生活や社会で利用されている代表的な電池にも触れること。

(9) 内容の(7)については，次のとおり取り扱うものとする。

ア　アの(ｱ)の㋐については，熱の伝わり方，放射線にも触れること。また，「エネルギーの変換」については，その総量が保存されること及びエネルギーを利用する際の効率も扱うこと。

イ　アの(ｱ)の㋑の「様々な物質」については，天然の物質や人工的につくられた物質のうち代表的なものを扱うこと。その際，プラスチックの性質にも触れること。

ウ　アの(ｲ)の㋐については，これまでの第1分野と第2分野の学習を生かし，第2分野の内容の(7)のアの(ｲ)の㋐及びイと関連付けて総合的に扱うこと。

〔第2分野〕

1　目　標

生命や地球に関する事物・現象を科学的に探究するために必要な資質・能力を次のとおり育成することを目指す。

(1) 生命や地球に関する事物・現象についての観察，実験などを行い，生物の体のつくりと働き，生命の連続性，大地の成り立ちと変化，気象とその変化，地球と宇宙などについて理解するとともに，科学的に探究するために必要な観察，実験などに関する基本的な技能を身に付けるよ

うにする。

(2) 生命や地球に関する事物・現象に関わり，それらの中に問題を見いだし見通しをもって観察，実験などを行い，その結果を分析して解釈し表現するなど，科学的に探究する活動を通して，多様性に気付くとともに規則性を見いだしたり課題を解決したりする力を養う。

(3) 生命や地球に関する事物・現象に進んで関わり，科学的に探究しようとする態度と，生命を尊重し，自然環境の保全に寄与する態度を養うとともに，自然を総合的に見ることができるようにする。

2 内 容

(1) いろいろな生物とその共通点

身近な生物についての観察，実験などを通して，次の事項を身に付けることができるよう指導する。

ア いろいろな生物の共通点と相違点に着目しながら，次のことを理解するとともに，それらの観察，実験などに関する技能を身に付けること。

(ｱ) 生物の観察と分類の仕方

㋐ 生物の観察

校庭や学校周辺の生物の観察を行い，いろいろな生物が様々な場所で生活していることを見いだして理解するとともに，観察器具の操作，観察記録の仕方などの技能を身に付けること。

㋑ 生物の特徴と分類の仕方

いろいろな生物を比較して見いだした共通点や相違点を基にして分類できることを理解するとともに，分類の仕方の基礎を身に付けること。

(ｲ) 生物の体の共通点と相違点

㋐ 植物の体の共通点と相違点

身近な植物の外部形態の観察を行い，その観察記録などに基づいて，共通点や相違点があることを見いだして，植物の体の基本的なつくりを理解すること。また，その共通点や相違点に基づいて植物が分類できることを見いだして理解すること。

㋑ 動物の体の共通点と相違点

身近な動物の外部形態の観察を行い，その観察記録などに基づいて，共通点や相違点があることを見いだして，動物の体の基本的なつくりを理解すること。また，その共通点や相違点に基づいて動物が分類できることを見いだして理解すること。

イ 身近な生物についての観察，実験などを通して，いろいろな生物の共通点や相違点を見いだすとともに，生物を分類するための観点や基準を見いだして表現すること。

(2) 大地の成り立ちと変化

大地の成り立ちと変化についての観察，実験などを通して，次の事項を身に付けることができるよう指導する。

ア 大地の成り立ちと変化を地表に見られる様々な事物・現象と関連付けながら，次のことを理解するとともに，それらの観察，実験などに関する技能を身に付けること。

(ｱ) 身近な地形や地層，岩石の観察

㋐ 身近な地形や地層，岩石の観察

身近な地形や地層，岩石などの観察を通して，土地の成り立ちや広がり，構成物などについて理解するとともに，観察器具の操作，記録の仕方などの技能を身に付けること。

(ｲ) 地層の重なりと過去の様子

[ア] 地層の重なりと過去の様子

地層の様子やその構成物などから地層のでき方を考察し，重なり方や広がり方についての規則性を見いだして理解するとともに，地層とその中の化石を手掛かりとして過去の環境と地質年代を推定できることを理解すること。

(ｳ) 火山と地震

[ア] 火山活動と火成岩

火山の形，活動の様子及びその噴出物を調べ，それらを地下のマグマの性質と関連付けて理解するとともに，火山岩と深成岩の観察を行い，それらの組織の違いを成因と関連付けて理解すること。

[イ] 地震の伝わり方と地球内部の働き

地震の体験や記録を基に，その揺れの大きさや伝わり方の規則性に気付くとともに，地震の原因を地球内部の働きと関連付けて理解し，地震に伴う土地の変化の様子を理解すること。

(ｴ) 自然の恵みと火山災害・地震災害

[ア] 自然の恵みと火山災害・地震災害

自然がもたらす恵み及び火山災害と地震災害について調べ，これらを火山活動や地震発生の仕組みと関連付けて理解すること。

イ　大地の成り立ちと変化について，問題を見いだし見通しをもって観察，実験などを行い，地層の重なり方や広がり方の規則性，地下のマグマの性質と火山の形との関係性などを見いだして表現すること。

(3) 生物の体のつくりと働き

生物の体のつくりと働きについての観察，実験などを通して，次の事項を身に付けることができるよう指導する。

ア　生物の体のつくりと働きとの関係に着目しながら，次のことを理解するとともに，それらの観察，実験などに関する技能を身に付けること。

(ｱ) 生物と細胞

[ア] 生物と細胞

生物の組織などの観察を行い，生物の体が細胞からできていること及び植物と動物の細胞のつくりの特徴を見いだして理解するとともに，観察器具の操作，観察記録の仕方などの技能を身に付けること。

(ｲ) 植物の体のつくりと働き

[ア] 葉・茎・根のつくりと働き

植物の葉，茎，根のつくりについての観察を行い，それらのつくりと，光合成，呼吸，蒸散の働きに関する実験の結果とを関連付けて理解すること。

(ｳ) 動物の体のつくりと働き

[ア] 生命を維持する働き

消化や呼吸についての観察，実験などを行い，動物の体が必要な物質を取り入れ運搬している仕組みを観察，実験の結果などと関連付けて理解すること。また，不要となった物質を排出する仕組みがあることについて理解すること。

[イ] 刺激と反応

動物が外界の刺激に適切に反応している様子の観察を行い，その仕組みを感覚器官，神経系及び運動器官のつくりと関連付けて理解すること。

イ　身近な植物や動物の体のつくりと働きについて，見通しをもって解決する方法を立案して

観察，実験などを行い，その結果を分析して解釈し，生物の体のつくりと働きについての規則性や関係性を見いだして表現すること。

(4) 気象とその変化

身近な気象の観察，実験などを通して，次の事項を身に付けることができるよう指導する。

ア　気象要素と天気の変化との関係に着目しながら，次のことを理解するとともに，それらの観察，実験などに関する技能を身に付けること。

(ｱ) 気象観測

㋐　気象要素

気象要素として，気温，湿度，気圧，風向などを理解すること。また，気圧を取り上げ，圧力についての実験を行い，圧力は力の大きさと面積に関係があることを見いだして理解するとともに，大気圧の実験を行い，その結果を空気の重さと関連付けて理解すること。

㋑　気象観測

校庭などで気象観測を継続的に行い，その観測記録などに基づいて，気温，湿度，気圧，風向などの変化と天気との関係を見いだして理解するとともに，観測方法や記録の仕方を身に付けること。

(ｲ) 天気の変化

㋐　霧や雲の発生

霧や雲の発生についての観察，実験を行い，そのでき方を気圧，気温及び湿度の変化と関連付けて理解すること。

㋑　前線の通過と天気の変化

前線の通過に伴う天気の変化の観測結果などに基づいて，その変化を暖気，寒気と関連付けて理解すること。

(ｳ) 日本の気象

㋐　日本の天気の特徴

天気図や気象衛星画像などから，日本の天気の特徴を気団と関連付けて理解すること。

㋑　大気の動きと海洋の影響

気象衛星画像や調査記録などから，日本の気象を日本付近の大気の動きや海洋の影響に関連付けて理解すること。

(ｴ) 自然の恵みと気象災害

㋐　自然の恵みと気象災害

気象現象がもたらす恵みと気象災害について調べ，これらを天気の変化や日本の気象と関連付けて理解すること。

イ　気象とその変化について，見通しをもって解決する方法を立案して観察，実験などを行い，その結果を分析して解釈し，天気の変化や日本の気象についての規則性や関係性を見いだして表現すること。

(5) 生命の連続性

生命の連続性についての観察，実験などを通して，次の事項を身に付けることができるよう指導する。

ア　生命の連続性に関する事物・現象の特徴に着目しながら，次のことを理解するとともに，それらの観察，実験などに関する技能を身に付けること。

(ｱ) 生物の成長と殖え方

㋐　細胞分裂と生物の成長

体細胞分裂の観察を行い，その順序性を見いだして理解するとともに，細胞の分裂と

生物の成長とを関連付けて理解すること。

㋑ 生物の殖え方

生物の殖え方を観察し，有性生殖と無性生殖の特徴を見いだして理解するとともに，生物が殖えていくときに親の形質が子に伝わることを見いだして理解すること。

(ｲ) 遺伝の規則性と遺伝子

㋐ 遺伝の規則性と遺伝子

交配実験の結果などに基づいて，親の形質が子に伝わるときの規則性を見いだして理解すること。

(ｳ) 生物の種類の多様性と進化

㋐ 生物の種類の多様性と進化

現存の生物及び化石の比較などを通して，現存の多様な生物は過去の生物が長い時間の経過の中で変化して生じてきたものであることを体のつくりと関連付けて理解すること。

イ 生命の連続性について，観察，実験などを行い，その結果や資料を分析して解釈し，生物の成長と殖え方，遺伝現象，生物の種類の多様性と進化についての特徴や規則性を見いだして表現すること。また，探究の過程を振り返ること。

(6) 地球と宇宙

身近な天体の観察，実験などを通して，次の事項を身に付けることができるよう指導する。

ア 身近な天体とその運動に関する特徴に着目しながら，次のことを理解するとともに，それらの観察，実験などに関する技能を身に付けること。

(ｱ) 天体の動きと地球の自転・公転

㋐ 日周運動と自転

天体の日周運動の観察を行い，その観察記録を地球の自転と関連付けて理解すること。

㋑ 年周運動と公転

星座の年周運動や太陽の南中高度の変化などの観察を行い，その観察記録を地球の公転や地軸の傾きと関連付けて理解すること。

(ｲ) 太陽系と恒星

㋐ 太陽の様子

太陽の観察を行い，その観察記録や資料に基づいて，太陽の特徴を見いだして理解すること。

㋑ 惑星と恒星

観測資料などを基に，惑星と恒星などの特徴を見いだして理解するとともに，太陽系の構造について理解すること。

㋒ 月や金星の運動と見え方

月の観察を行い，その観察記録や資料に基づいて，月の公転と見え方を関連付けて理解すること。また，金星の観測資料などを基に，金星の公転と見え方を関連付けて理解すること。

イ 地球と宇宙について，天体の観察，実験などを行い，その結果や資料を分析して解釈し，天体の運動と見え方についての特徴や規則性を見いだして表現すること。また，探究の過程を振り返ること。

(7) 自然と人間

自然環境を調べる観察，実験などを通して，次の事項を身に付けることができるよう指導する。

ア 日常生活や社会と関連付けながら，次のことを理解するとともに，自然環境を調べる観察，

実験などに関する技能を身に付けること。
　(7) 生物と環境
　　㋐ 自然界のつり合い
　　　微生物の働きを調べ，植物，動物及び微生物を栄養の面から相互に関連付けて理解するとともに，自然界では，これらの生物がつり合いを保って生活していることを見いだして理解すること。
　　㋑ 自然環境の調査と環境保全
　　　身近な自然環境について調べ，様々な要因が自然界のつり合いに影響していることを理解するとともに，自然環境を保全することの重要性を認識すること。
　　㋒ 地域の自然災害
　　　地域の自然災害について，総合的に調べ，自然と人間との関わり方について認識すること。
　(イ) 自然環境の保全と科学技術の利用
　　㋐ 自然環境の保全と科学技術の利用
　　　自然環境の保全と科学技術の利用の在り方について科学的に考察することを通して，持続可能な社会をつくることが重要であることを認識すること。
　イ　身近な自然環境や地域の自然災害などを調べる観察，実験などを行い，自然環境の保全と科学技術の利用の在り方について，科学的に考察して判断すること。

3　内容の取扱い

(1) 内容の(1)から(7)までについては，それぞれのアに示す知識及び技能とイに示す思考力，判断力，表現力等とを相互に関連させながら，3年間を通じて科学的に探究するために必要な資質・能力の育成を目指すものとする。
(2) 内容の(1)から(7)までのうち，(1)及び(2)は第1学年，(3)及び(4)は第2学年，(5)から(7)までは第3学年で取り扱うものとする。
(3) 内容の(1)については，次のとおり取り扱うものとする。
　ア　アの(ア)の㋐については，身近な生物の観察を扱うが，ルーペや双眼実体顕微鏡などを用いて，外見から観察できる体のつくりを中心に扱うこと。
　イ　アの(イ)の㋐については，花のつくりを中心に扱い，種子植物が被子植物と裸子植物に分類できることを扱うこと。その際，胚珠が種子になることにも触れること。また，被子植物が単子葉類と双子葉類に分類できることについては，葉のつくりを中心に扱うこと。なお，種子をつくらない植物が胞子をつくることにも触れること。
　ウ　アの(イ)の㋑については，脊椎動物と無脊椎動物の違いを中心に扱うこと。脊椎動物については，ヒトや魚を例に，体のつくりの共通点としての背骨の存在について扱うこと。また，体の表面の様子や呼吸の仕方などの特徴を基準として分類できることを扱うこと。無脊椎動物については，節足動物や軟体動物の観察を行い，それらの動物と脊椎動物の体のつくりの特徴を比較し，その共通点と相違点を扱うこと。
(4) 内容の(2)については，次のとおり取り扱うものとする。
　ア　アの(ア)の㋐の「身近な地形や地層，岩石などの観察」については，学校内外の地形や地層，岩石などを観察する活動とすること。
　イ　アの(イ)の㋐については，地層を形成している代表的な堆積岩も取り上げること。「地層」については，断層，褶曲にも触れること。「化石」については，示相化石及び示準化石を取り上げること。「地質年代」の区分は，古生代，中生代，新生代を取り上げること。
　ウ　アの(ウ)の㋐の「火山」については，粘性と関係付けながら代表的な火山を扱うこと。「マ

グマの性質」については，粘性を扱うこと。「火山岩」及び「深成岩」については，代表的な岩石を扱うこと。また，代表的な造岩鉱物も扱うこと。

エ　アの(ウ)の㋑については，地震の現象面を中心に扱い，初期微動継続時間と震源までの距離との定性的な関係にも触れること。また，「地球内部の働き」については，日本付近のプレートの動きを中心に扱い，地球規模でのプレートの動きにも触れること。その際，津波発生の仕組みについても触れること。

オ　アの(エ)の㋐の「火山災害と地震災害」については，記録や資料などを用いて調べること。

(5) 内容の(3)については，次のとおり取り扱うものとする。

ア　アの(ア)の㋐については，植物と動物の細胞のつくりの共通点と相違点について触れること。また，細胞の呼吸及び単細胞生物の存在にも触れること。

イ　アの(イ)の㋐については，光合成における葉緑体の働きにも触れること。また，葉，茎，根の働きを相互に関連付けて扱うこと。

ウ　アの(ウ)の㋐については，各器官の働きを中心に扱うこと。「消化」については，代表的な消化酵素の働きを扱うこと。また，摂取された食物が消化によって小腸の壁から吸収される物質になることにも触れること。血液の循環に関連して，血液成分の働き，腎臓や肝臓の働きにも触れること。

エ　アの(ウ)の㋑については，各器官の働きを中心に扱うこと。

(6) 内容の(4)については，次のとおり取り扱うものとする。

ア　アの(ア)の㋐の「大気圧」については，空気中にある物体にはあらゆる向きから圧力が働くことにも触れること。

イ　アの(イ)の㋐については，気温による飽和水蒸気量の変化が湿度の変化や凝結に関わりがあることを扱うこと。また，水の循環にも触れること。

ウ　アの(イ)の㋑については，風の吹き方にも触れること。

エ　アの(ウ)の㋑については，地球を取り巻く大気の動きにも触れること。また，地球の大きさや大気の厚さにも触れること。

オ　アの(エ)の㋐の「気象災害」については，記録や資料などを用いて調べること。

(7) 内容の(5)については，次のとおり取り扱うものとする。

ア　アの(ア)の㋐については，染色体が複製されることにも触れること。

イ　アの(ア)の㋑については，有性生殖の仕組みを減数分裂と関連付けて扱うこと。「無性生殖」については，単細胞生物の分裂や栄養生殖にも触れること。

ウ　アの(イ)の㋐については，分離の法則を扱うこと。また，遺伝子の本体がDNAであることにも触れること。

エ　アの(ウ)の㋐については，進化の証拠とされる事柄や進化の具体例について扱うこと。その際，生物にはその生息環境での生活に都合のよい特徴が見られることにも触れること。また，遺伝子に変化が起きて形質が変化することがあることにも触れること。

(8) 内容の(6)については，次のとおり取り扱うものとする。

ア　アの(ア)の㋑の「太陽の南中高度の変化」については，季節による昼夜の長さや気温の変化にも触れること。

イ　アの(イ)の㋐の「太陽の特徴」については，形，大きさ，表面の様子などを扱うこと。その際，太陽から放出された多量の光などのエネルギーによる地表への影響にも触れること。

ウ　アの(イ)の㋑の「惑星」については，大きさ，大気組成，表面温度，衛星の存在などを取り上げること。その際，地球には生命を支える条件が備わっていることにも触れること。「恒星」については，自ら光を放つことや太陽もその一つであることも扱うこと。その際，恒星の集団としての銀河系の存在にも触れること。「太陽系の構造」については，惑星以外の天

体が存在することにも触れること。

エ　アの(ｲ)の㋒の「月の公転と見え方」については，月の運動と満ち欠けを扱うこと。その際，日食や月食にも触れること。また，「金星の公転と見え方」については，金星の運動と満ち欠けや見かけの大きさを扱うこと。

(9) 内容の(7)については，次のとおり取り扱うものとする。

ア　アの(ｱ)の㋐については，生態系における生産者と消費者との関係を扱うこと。また，分解者の働きについても扱うこと。その際，土壌動物にも触れること。

イ　アの(ｱ)の㋑については，生物や大気，水などの自然環境を直接調べたり，記録や資料を基に調べたりするなどの活動を行うこと。また，気候変動や外来生物にも触れること。

ウ　アの(ｱ)の㋒については，地域の自然災害を調べたり，記録や資料を基に調べたりするなどの活動を行うこと。

エ　アの(ｲ)の㋐については，これまでの第1分野と第2分野の学習を生かし，第1分野の内容の(7)のアの(ｲ)の㋐及びイと関連付けて総合的に扱うこと。

第3　指導計画の作成と内容の取扱い

1　指導計画の作成に当たっては，次の事項に配慮するものとする。

(1) 単元など内容や時間のまとまりを見通して，その中で育む資質・能力の育成に向けて，生徒の主体的・対話的で深い学びの実現を図るようにすること。その際，理科の学習過程の特質を踏まえ，理科の見方・考え方を働かせ，見通しをもって観察，実験を行うことなどの科学的に探究する学習活動の充実を図ること。

(2) 各学年においては，年間を通じて，各分野におよそ同程度の授業時数を配当すること。その際，各分野間及び各項目間の関連を十分考慮して，各分野の特徴的な見方・考え方を総合的に働かせ，自然の事物・現象を科学的に探究するために必要な資質・能力を養うことができるようにすること。

(3) 学校や生徒の実態に応じ，十分な観察や実験の時間，課題解決のために探究する時間などを設けるようにすること。その際，問題を見いだし観察，実験を計画する学習活動，観察，実験の結果を分析し解釈する学習活動，科学的な概念を使用して考えたり説明したりする学習活動などが充実するようにすること。

(4) 日常生活や他教科等との関連を図ること。

(5) 障害のある生徒などについては，学習活動を行う場合に生じる困難さに応じた指導内容や指導方法の工夫を計画的，組織的に行うこと。

(6) 第1章総則の第1の2の(2)に示す道徳教育の目標に基づき，道徳科などとの関連を考慮しながら，第3章特別の教科道徳の第2に示す内容について，理科の特質に応じて適切な指導をすること。

2　第2の内容の取扱いについては，次の事項に配慮するものとする。

(1) 観察，実験，野外観察を重視するとともに，地域の環境や学校の実態を生かし，自然の事物・現象についての基本的な概念の形成及び科学的に探究する力と態度の育成が段階的に無理なく行えるようにすること。

(2) 生命を尊重し，自然環境の保全に寄与する態度を養うようにすること。

(3) 1の(3)の学習活動を通して，言語活動が充実するようにすること。

(4) 各分野の指導に当たっては，観察，実験の過程での情報の検索，実験，データの処理，実験の計測などにおいて，コンピュータや情報通信ネットワークなどを積極的かつ適切に活用するようにすること。

(5) 指導に当たっては，生徒が学習の見通しを立てたり学習したことを振り返ったりする活動を計画的に取り入れるよう工夫すること。

(6) 原理や法則の理解を深めるためのものづくりを，各内容の特質に応じて適宜行うようにすること。

(7) 継続的な観察や季節を変えての定点観測を，各内容の特質に応じて適宜行うようにすること。

(8) 観察，実験，野外観察などの体験的な学習活動の充実に配慮すること。また，環境整備に十分配慮すること。

(9) 博物館や科学学習センターなどと積極的に連携，協力を図るようにすること。

(10) 科学技術が日常生活や社会を豊かにしていることや安全性の向上に役立っていることに触れること。また，理科で学習することが様々な職業などと関係していることにも触れること。

3 観察，実験，野外観察の指導に当たっては，特に事故防止に十分留意するとともに，使用薬品の管理及び廃棄についても適切な措置をとるよう配慮するものとする。

付録3

小学校学習指導要領　第2章　第4節　理科

● 第1　目　標

　自然に親しみ，理科の見方・考え方を働かせ，見通しをもって観察，実験を行うことなどを通して，自然の事物・現象についての問題を科学的に解決するために必要な資質・能力を次のとおり育成することを目指す。
(1) 自然の事物・現象についての理解を図り，観察，実験などに関する基本的な技能を身に付けるようにする。
(2) 観察，実験などを行い，問題解決の力を養う。
(3) 自然を愛する心情や主体的に問題解決しようとする態度を養う。

● 第2　各学年の目標及び内容

〔第3学年〕

1　目　標

(1) 物質・エネルギー
① 物の性質，風とゴムの力の働き，光と音の性質，磁石の性質及び電気の回路についての理解を図り，観察，実験などに関する基本的な技能を身に付けるようにする。
② 物の性質，風とゴムの力の働き，光と音の性質，磁石の性質及び電気の回路について追究する中で，主に差異点や共通点を基に，問題を見いだす力を養う。
③ 物の性質，風とゴムの力の働き，光と音の性質，磁石の性質及び電気の回路について追究する中で，主体的に問題解決しようとする態度を養う。

(2) 生命・地球
① 身の回りの生物，太陽と地面の様子についての理解を図り，観察，実験などに関する基本的な技能を身に付けるようにする。
② 身の回りの生物，太陽と地面の様子について追究する中で，主に差異点や共通点を基に，問題を見いだす力を養う。
③ 身の回りの生物，太陽と地面の様子について追究する中で，生物を愛護する態度や主体的に問題解決しようとする態度を養う。

2　内　容

A　物質・エネルギー

(1) 物と重さ
　　物の性質について，形や体積に着目して，重さを比較しながら調べる活動を通して，次の事項を身に付けることができるよう指導する。
　ア　次のことを理解するとともに，観察，実験などに関する技能を身に付けること。
　　(ア) 物は，形が変わっても重さは変わらないこと。
　　(イ) 物は，体積が同じでも重さは違うことがあること。
　イ　物の形や体積と重さとの関係について追究する中で，差異点や共通点を基に，物の性質についての問題を見いだし，表現すること。

(2) 風とゴムの力の働き
　　風とゴムの力の働きについて，力と物の動く様子に着目して，それらを比較しながら調べる

活動を通して，次の事項を身に付けることができるよう指導する。

　ア　次のことを理解するとともに，観察，実験などに関する技能を身に付けること。
　　(ｱ)　風の力は，物を動かすことができること。また，風の力の大きさを変えると，物が動く様子も変わること。
　　(ｲ)　ゴムの力は，物を動かすことができること。また，ゴムの力の大きさを変えると，物が動く様子も変わること。
　イ　風とゴムの力で物が動く様子について追究する中で，差異点や共通点を基に，風とゴムの力の働きについての問題を見いだし，表現すること。

(3) 光と音の性質

　光と音の性質について，光を当てたときの明るさや暖かさ，音を出したときの震え方に着目して，光の強さや音の大きさを変えたときの違いを比較しながら調べる活動を通して，次の事項を身に付けることができるよう指導する。

　ア　次のことを理解するとともに，観察，実験などに関する技能を身に付けること。
　　(ｱ)　日光は直進し，集めたり反射させたりできること。
　　(ｲ)　物に日光を当てると，物の明るさや暖かさが変わること。
　　(ｳ)　物から音が出たり伝わったりするとき，物は震えていること。また，音の大きさが変わるとき物の震え方が変わること。
　イ　光を当てたときの明るさや暖かさの様子，音を出したときの震え方の様子について追究する中で，差異点や共通点を基に，光と音の性質についての問題を見いだし，表現すること。

(4) 磁石の性質

　磁石の性質について，磁石を身の回りの物に近付けたときの様子に着目して，それらを比較しながら調べる活動を通して，次の事項を身に付けることができるよう指導する。

　ア　次のことを理解するとともに，観察，実験などに関する技能を身に付けること。
　　(ｱ)　磁石に引き付けられる物と引き付けられない物があること。また，磁石に近付けると磁石になる物があること。
　　(ｲ)　磁石の異極は引き合い，同極は退け合うこと。
　イ　磁石を身の回りの物に近付けたときの様子について追究する中で，差異点や共通点を基に，磁石の性質についての問題を見いだし，表現すること。

(5) 電気の通り道

　電気の回路について，乾電池と豆電球などのつなぎ方と乾電池につないだ物の様子に着目して，電気を通すときと通さないときのつなぎ方を比較しながら調べる活動を通して，次の事項を身に付けることができるよう指導する。

　ア　次のことを理解するとともに，観察，実験などに関する技能を身に付けること。
　　(ｱ)　電気を通すつなぎ方と通さないつなぎ方があること。
　　(ｲ)　電気を通す物と通さない物があること。
　イ　乾電池と豆電球などのつなぎ方と乾電池につないだ物の様子について追究する中で，差異点や共通点を基に，電気の回路についての問題を見いだし，表現すること。

B　生命・地球

(1) 身の回りの生物

　身の回りの生物について，探したり育てたりする中で，それらの様子や周辺の環境，成長の過程や体のつくりに着目して，それらを比較しながら調べる活動を通して，次の事項を身に付けることができるよう指導する。

　ア　次のことを理解するとともに，観察，実験などに関する技能を身に付けること。
　　(ｱ)　生物は，色，形，大きさなど，姿に違いがあること。また，周辺の環境と関わって生き

ていること。
- (イ) 昆虫の育ち方には一定の順序があること。また，成虫の体は頭，胸及び腹からできていること。
- (ウ) 植物の育ち方には一定の順序があること。また，その体は根，茎及び葉からできていること。

イ 身の回りの生物の様子について追究する中で，差異点や共通点を基に，身の回りの生物と環境との関わり，昆虫や植物の成長のきまりや体のつくりについての問題を見いだし，表現すること。

(2) 太陽と地面の様子

太陽と地面の様子との関係について，日なたと日陰の様子に着目して，それらを比較しながら調べる活動を通して，次の事項を身に付けることができるよう指導する。

ア 次のことを理解するとともに，観察，実験などに関する技能を身に付けること。
- (ア) 日陰は太陽の光を遮るとでき，日陰の位置は太陽の位置の変化によって変わること。
- (イ) 地面は太陽によって暖められ，日なたと日陰では地面の暖かさや湿り気に違いがあること。

イ 日なたと日陰の様子について追究する中で，差異点や共通点を基に，太陽と地面の様子との関係についての問題を見いだし，表現すること。

3 内容の取扱い

(1) 内容の「A物質・エネルギー」の指導に当たっては，3種類以上のものづくりを行うものとする。

(2) 内容の「A物質・エネルギー」の(4)のアの(ア)については，磁石が物を引き付ける力は，磁石と物の距離によって変わることにも触れること。

(3) 内容の「B生命・地球」の(1)については，次のとおり取り扱うものとする。
- ア アの(イ)及び(ウ)については，飼育，栽培を通して行うこと。
- イ アの(ウ)の「植物の育ち方」については，夏生一年生の双子葉植物を扱うこと。

(4) 内容の「B生命・地球」の(2)のアの(ア)の「太陽の位置の変化」については，東から南，西へと変化することを取り扱うものとする。また，太陽の位置を調べるときの方位は東，西，南，北を扱うものとする。

〔第4学年〕
1 目 標

(1) 物質・エネルギー
- ① 空気，水及び金属の性質，電流の働きについての理解を図り，観察，実験などに関する基本的な技能を身に付けるようにする。
- ② 空気，水及び金属の性質，電流の働きについて追究する中で，主に既習の内容や生活経験を基に，根拠のある予想や仮説を発想する力を養う。
- ③ 空気，水及び金属の性質，電流の働きについて追究する中で，主体的に問題解決しようとする態度を養う。

(2) 生命・地球
- ① 人の体のつくりと運動，動物の活動や植物の成長と環境との関わり，雨水の行方と地面の様子，気象現象，月や星についての理解を図り，観察，実験などに関する基本的な技能を身に付けるようにする。
- ② 人の体のつくりと運動，動物の活動や植物の成長と環境との関わり，雨水の行方と地面の

様子，気象現象，月や星について追究する中で，主に既習の内容や生活経験を基に，根拠のある予想や仮説を発想する力を養う。
　③　人の体のつくりと運動，動物の活動や植物の成長と環境との関わり，雨水の行方と地面の様子，気象現象，月や星について追究する中で，生物を愛護する態度や主体的に問題解決しようとする態度を養う。

2　内容

A　物質・エネルギー

(1) 空気と水の性質

　空気と水の性質について，体積や圧し返す力の変化に着目して，それらと圧す力とを関係付けて調べる活動を通して，次の事項を身に付けることができるよう指導する。

　ア　次のことを理解するとともに，観察，実験などに関する技能を身に付けること。
　　(ア) 閉じ込めた空気を圧すと，体積は小さくなるが，圧し返す力は大きくなること。
　　(イ) 閉じ込めた空気は圧し縮められるが，水は圧し縮められないこと。
　イ　空気と水の性質について追究する中で，既習の内容や生活経験を基に，空気と水の体積や圧し返す力の変化と圧す力との関係について，根拠のある予想や仮説を発想し，表現すること。

(2) 金属，水，空気と温度

　金属，水及び空気の性質について，体積や状態の変化，熱の伝わり方に着目して，それらと温度の変化とを関係付けて調べる活動を通して，次の事項を身に付けることができるよう指導する。

　ア　次のことを理解するとともに，観察，実験などに関する技能を身に付けること。
　　(ア) 金属，水及び空気は，温めたり冷やしたりすると，それらの体積が変わるが，その程度には違いがあること。
　　(イ) 金属は熱せられた部分から順に温まるが，水や空気は熱せられた部分が移動して全体が温まること。
　　(ウ) 水は，温度によって水蒸気や氷に変わること。また，水が氷になると体積が増えること。
　イ　金属，水及び空気の性質について追究する中で，既習の内容や生活経験を基に，金属，水及び空気の温度を変化させたときの体積や状態の変化，熱の伝わり方について，根拠のある予想や仮説を発想し，表現すること。

(3) 電流の働き

　電流の働きについて，電流の大きさや向きと乾電池につないだ物の様子に着目して，それらを関係付けて調べる活動を通して，次の事項を身に付けることができるよう指導する。

　ア　次のことを理解するとともに，観察，実験などに関する技能を身に付けること。
　　(ア) 乾電池の数やつなぎ方を変えると，電流の大きさや向きが変わり，豆電球の明るさやモーターの回り方が変わること。
　イ　電流の働きについて追究する中で，既習の内容や生活経験を基に，電流の大きさや向きと乾電池につないだ物の様子との関係について，根拠のある予想や仮説を発想し，表現すること。

B　生命・地球

(1) 人の体のつくりと運動

　人や他の動物について，骨や筋肉のつくりと働きに着目して，それらを関係付けて調べる活動を通して，次の事項を身に付けることができるよう指導する。

　ア　次のことを理解するとともに，観察，実験などに関する技能を身に付けること。

(ｱ) 人の体には骨と筋肉があること。
　　(ｲ) 人が体を動かすことができるのは，骨，筋肉の働きによること。
　イ　人や他の動物について追究する中で，既習の内容や生活経験を基に，人や他の動物の骨や筋肉のつくりと働きについて，根拠のある予想や仮説を発想し，表現すること。
(2) 季節と生物
　　身近な動物や植物について，探したり育てたりする中で，動物の活動や植物の成長と季節の変化に着目して，それらを関係付けて調べる活動を通して，次の事項を身に付けることができるよう指導する。
　ア　次のことを理解するとともに，観察，実験などに関する技能を身に付けること。
　　(ｱ) 動物の活動は，暖かい季節，寒い季節などによって違いがあること。
　　(ｲ) 植物の成長は，暖かい季節，寒い季節などによって違いがあること。
　イ　身近な動物や植物について追究する中で，既習の内容や生活経験を基に，季節ごとの動物の活動や植物の成長の変化について，根拠のある予想や仮説を発想し，表現すること。
(3) 雨水の行方と地面の様子
　　雨水の行方と地面の様子について，流れ方やしみ込み方に着目して，それらと地面の傾きや土の粒の大きさとを関係付けて調べる活動を通して，次の事項を身に付けることができるよう指導する。
　ア　次のことを理解するとともに，観察，実験などに関する技能を身に付けること。
　　(ｱ) 水は，高い場所から低い場所へと流れて集まること。
　　(ｲ) 水のしみ込み方は，土の粒の大きさによって違いがあること。
　イ　雨水の行方と地面の様子について追究する中で，既習の内容や生活経験を基に，雨水の流れ方やしみ込み方と地面の傾きや土の粒の大きさとの関係について，根拠のある予想や仮説を発想し，表現すること。
(4) 天気の様子
　　天気や自然界の水の様子について，気温や水の行方に着目して，それらと天気の様子や水の状態変化とを関係付けて調べる活動を通して，次の事項を身に付けることができるよう指導する。
　ア　次のことを理解するとともに，観察，実験などに関する技能を身に付けること。
　　(ｱ) 天気によって1日の気温の変化の仕方に違いがあること。
　　(ｲ) 水は，水面や地面などから蒸発し，水蒸気になって空気中に含まれていくこと。また，空気中の水蒸気は，結露して再び水になって現れることがあること。
　イ　天気や自然界の水の様子について追究する中で，既習の内容や生活経験を基に，天気の様子や水の状態変化と気温や水の行方との関係について，根拠のある予想や仮説を発想し，表現すること。
(5) 月と星
　　月や星の特徴について，位置の変化や時間の経過に着目して，それらを関係付けて調べる活動を通して，次の事項を身に付けることができるよう指導する。
　ア　次のことを理解するとともに，観察，実験などに関する技能を身に付けること。
　　(ｱ) 月は日によって形が変わって見え，1日のうちでも時刻によって位置が変わること。
　　(ｲ) 空には，明るさや色の違う星があること。
　　(ｳ) 星の集まりは，1日のうちでも時刻によって，並び方は変わらないが，位置が変わること。
　イ　月や星の特徴について追究する中で，既習の内容や生活経験を基に，月や星の位置の変化と時間の経過との関係について，根拠のある予想や仮説を発想し，表現すること。

付録4

3　内容の取扱い

(1) 内容の「A物質・エネルギー」の(3)のアの(ア)については，直列つなぎと並列つなぎを扱うものとする。

(2) 内容の「A物質・エネルギー」の指導に当たっては，2種類以上のものづくりを行うものとする。

(3) 内容の「B生命・地球」の(1)のアの(イ)については，関節の働きを扱うものとする。

(4) 内容の「B生命・地球」の(2)については，1年を通じて動物の活動や植物の成長をそれぞれ2種類以上観察するものとする。

〔第5学年〕

1　目　標

(1) 物質・エネルギー

① 物の溶け方，振り子の運動，電流がつくる磁力についての理解を図り，観察，実験などに関する基本的な技能を身に付けるようにする。

② 物の溶け方，振り子の運動，電流がつくる磁力について追究する中で，主に予想や仮説を基に，解決の方法を発想する力を養う。

③ 物の溶け方，振り子の運動，電流がつくる磁力について追究する中で，主体的に問題解決しようとする態度を養う。

(2) 生命・地球

① 生命の連続性，流れる水の働き，気象現象の規則性についての理解を図り，観察，実験などに関する基本的な技能を身に付けるようにする。

② 生命の連続性，流れる水の働き，気象現象の規則性について追究する中で，主に予想や仮説を基に，解決の方法を発想する力を養う。

③ 生命の連続性，流れる水の働き，気象現象の規則性について追究する中で，生命を尊重する態度や主体的に問題解決しようとする態度を養う。

2　内　容

A　物質・エネルギー

(1) 物の溶け方

物の溶け方について，溶ける量や様子に着目して，水の温度や量などの条件を制御しながら調べる活動を通して，次の事項を身に付けることができるよう指導する。

ア　次のことを理解するとともに，観察，実験などに関する技能を身に付けること。

(ア) 物が水に溶けても，水と物とを合わせた重さは変わらないこと。

(イ) 物が水に溶ける量には，限度があること。

(ウ) 物が水に溶ける量は水の温度や量，溶ける物によって違うこと。また，この性質を利用して，溶けている物を取り出すことができること。

イ　物の溶け方について追究する中で，物の溶け方の規則性についての予想や仮説を基に，解決の方法を発想し，表現すること。

(2) 振り子の運動

振り子の運動の規則性について，振り子が1往復する時間に着目して，おもりの重さや振り子の長さなどの条件を制御しながら調べる活動を通して，次の事項を身に付けることができるよう指導する。

ア　次のことを理解するとともに，観察，実験などに関する技能を身に付けること。

(ア) 振り子が1往復する時間は，おもりの重さなどによっては変わらないが，振り子の長さ

付録4

　　　　によって変わること。
　　イ　振り子の運動の規則性について追究する中で，振り子が1往復する時間に関係する条件についての予想や仮説を基に，解決の方法を発想し，表現すること。
(3) 電流がつくる磁力
　　電流がつくる磁力について，電流の大きさや向き，コイルの巻数などに着目して，それらの条件を制御しながら調べる活動を通して，次の事項を身に付けることができるよう指導する。
　　ア　次のことを理解するとともに，観察，実験などに関する技能を身に付けること。
　　　(ｱ) 電流の流れているコイルは，鉄心を磁化する働きがあり，電流の向きが変わると，電磁石の極も変わること。
　　　(ｲ) 電磁石の強さは，電流の大きさや導線の巻数によって変わること。
　　イ　電流がつくる磁力について追究する中で，電流がつくる磁力の強さに関係する条件についての予想や仮説を基に，解決の方法を発想し，表現すること。

B　生命・地球
(1) 植物の発芽，成長，結実
　　植物の育ち方について，発芽，成長及び結実の様子に着目して，それらに関わる条件を制御しながら調べる活動を通して，次の事項を身に付けることができるよう指導する。
　　ア　次のことを理解するとともに，観察，実験などに関する技能を身に付けること。
　　　(ｱ) 植物は，種子の中の養分を基にして発芽すること。
　　　(ｲ) 植物の発芽には，水，空気及び温度が関係していること。
　　　(ｳ) 植物の成長には，日光や肥料などが関係していること。
　　　(ｴ) 花にはおしべやめしべなどがあり，花粉がめしべの先に付くとめしべのもとが実になり，実の中に種子ができること。
　　イ　植物の育ち方について追究する中で，植物の発芽，成長及び結実とそれらに関わる条件についての予想や仮説を基に，解決の方法を発想し，表現すること。
(2) 動物の誕生
　　動物の発生や成長について，魚を育てたり人の発生についての資料を活用したりする中で，卵や胎児の様子に着目して，時間の経過と関係付けて調べる活動を通して，次の事項を身に付けることができるよう指導する。
　　ア　次のことを理解するとともに，観察，実験などに関する技能を身に付けること。
　　　(ｱ) 魚には雌雄があり，生まれた卵は日がたつにつれて中の様子が変化してかえること。
　　　(ｲ) 人は，母体内で成長して生まれること。
　　イ　動物の発生や成長について追究する中で，動物の発生や成長の様子と経過についての予想や仮説を基に，解決の方法を発想し，表現すること。
(3) 流れる水の働きと土地の変化
　　流れる水の働きと土地の変化について，水の量や速さに着目して，それらの条件を制御しながら調べる活動を通して，次の事項を身に付けることができるよう指導する。
　　ア　次のことを理解するとともに，観察，実験などに関する技能を身に付けること。
　　　(ｱ) 流れる水には，土地を侵食したり，石や土などを運搬したり堆積させたりする働きがあること。
　　　(ｲ) 川の上流と下流によって，川原の石の大きさや形に違いがあること。
　　　(ｳ) 雨の降り方によって，流れる水の速さや量は変わり，増水により土地の様子が大きく変化する場合があること。
　　イ　流れる水の働きについて追究する中で，流れる水の働きと土地の変化との関係についての予想や仮説を基に，解決の方法を発想し，表現すること。

付録4

(4) 天気の変化

　天気の変化の仕方について，雲の様子を観測したり，映像などの気象情報を活用したりする中で，雲の量や動きに着目して，それらと天気の変化とを関係付けて調べる活動を通して，次の事項を身に付けることができるよう指導する。

　ア　次のことを理解するとともに，観察，実験などに関する技能を身に付けること。

　　(ア) 天気の変化は，雲の量や動きと関係があること。

　　(イ) 天気の変化は，映像などの気象情報を用いて予想できること。

　イ　天気の変化の仕方について追究する中で，天気の変化の仕方と雲の量や動きとの関係についての予想や仮説を基に，解決の方法を発想し，表現すること。

3　内容の取扱い

(1) 内容の「A物質・エネルギー」の指導に当たっては，2種類以上のものづくりを行うものとする。

(2) 内容の「A物質・エネルギー」の(1)については，水溶液の中では，溶けている物が均一に広がることにも触れること。

(3) 内容の「B生命・地球」の(1)については，次のとおり取り扱うものとする。

　ア　アの(ア)の「種子の中の養分」については，でんぷんを扱うこと。

　イ　アの(エ)については，おしべ，めしべ，がく及び花びらを扱うこと。また，受粉については，風や昆虫などが関係していることにも触れること。

(4) 内容の「B生命・地球」の(2)のアの(イ)については，人の受精に至る過程は取り扱わないものとする。

(5) 内容の「B生命・地球」の(3)のアの(ウ)については，自然災害についても触れること。

(6) 内容の「B生命・地球」の(4)のアの(イ)については，台風の進路による天気の変化や台風と降雨との関係及びそれに伴う自然災害についても触れること。

〔第6学年〕

1　目　標

(1) 物質・エネルギー

① 燃焼の仕組み，水溶液の性質，てこの規則性及び電気の性質や働きについての理解を図り，観察，実験などに関する基本的な技能を身に付けるようにする。

② 燃焼の仕組み，水溶液の性質，てこの規則性及び電気の性質や働きについて追究する中で，主にそれらの仕組みや性質，規則性及び働きについて，より妥当な考えをつくりだす力を養う。

③ 燃焼の仕組み，水溶液の性質，てこの規則性及び電気の性質や働きについて追究する中で，主体的に問題解決しようとする態度を養う。

(2) 生命・地球

① 生物の体のつくりと働き，生物と環境との関わり，土地のつくりと変化，月の形の見え方と太陽との位置関係についての理解を図り，観察，実験などに関する基本的な技能を身に付けるようにする。

② 生物の体のつくりと働き，生物と環境との関わり，土地のつくりと変化，月の形の見え方と太陽との位置関係について追究する中で，主にそれらの働きや関わり，変化及び関係について，より妥当な考えをつくりだす力を養う。

③ 生物の体のつくりと働き，生物と環境との関わり，土地のつくりと変化，月の形の見え方と太陽との位置関係について追究する中で，生命を尊重する態度や主体的に問題解決しよう

とする態度を養う。

2　内　容

A　物質・エネルギー

(1) 燃焼の仕組み

　　燃焼の仕組みについて，空気の変化に着目して，物の燃え方を多面的に調べる活動を通して，次の事項を身に付けることができるよう指導する。

　ア　次のことを理解するとともに，観察，実験などに関する技能を身に付けること。

　　(ｱ) 植物体が燃えるときには，空気中の酸素が使われて二酸化炭素ができること。

　イ　燃焼の仕組みについて追究する中で，物が燃えたときの空気の変化について，より妥当な考えをつくりだし，表現すること。

(2) 水溶液の性質

　　水溶液について，溶けている物に着目して，それらによる水溶液の性質や働きの違いを多面的に調べる活動を通して，次の事項を身に付けることができるよう指導する。

　ア　次のことを理解するとともに，観察，実験などに関する技能を身に付けること。

　　(ｱ) 水溶液には，酸性，アルカリ性及び中性のものがあること。

　　(ｲ) 水溶液には，気体が溶けているものがあること。

　　(ｳ) 水溶液には，金属を変化させるものがあること。

　イ　水溶液の性質や働きについて追究する中で，溶けているものによる性質や働きの違いについて，より妥当な考えをつくりだし，表現すること。

(3) てこの規則性

　　てこの規則性について，力を加える位置や力の大きさに着目して，てこの働きを多面的に調べる活動を通して，次の事項を身に付けることができるよう指導する。

　ア　次のことを理解するとともに，観察，実験などに関する技能を身に付けること。

　　(ｱ) 力を加える位置や力の大きさを変えると，てこを傾ける働きが変わり，てこがつり合うときにはそれらの間に規則性があること。

　　(ｲ) 身の回りには，てこの規則性を利用した道具があること。

　イ　てこの規則性について追究する中で，力を加える位置や力の大きさとてこの働きとの関係について，より妥当な考えをつくりだし，表現すること。

(4) 電気の利用

　　発電や蓄電，電気の変換について，電気の量や働きに着目して，それらを多面的に調べる活動を通して，次の事項を身に付けることができるよう指導する。

　ア　次のことを理解するとともに，観察，実験などに関する技能を身に付けること。

　　(ｱ) 電気は，つくりだしたり蓄えたりすることができること。

　　(ｲ) 電気は，光，音，熱，運動などに変換することができること。

　　(ｳ) 身の回りには，電気の性質や働きを利用した道具があること。

　イ　電気の性質や働きについて追究する中で，電気の量と働きとの関係，発電や蓄電，電気の変換について，より妥当な考えをつくりだし，表現すること。

B　生命・地球

(1) 人の体のつくりと働き

　　人や他の動物について，体のつくりと呼吸，消化，排出及び循環の働きに着目して，生命を維持する働きを多面的に調べる活動を通して，次の事項を身に付けることができるよう指導する。

　ア　次のことを理解するとともに，観察，実験などに関する技能を身に付けること。

(ア) 体内に酸素が取り入れられ，体外に二酸化炭素などが出されていること。
(イ) 食べ物は，口，胃，腸などを通る間に消化，吸収され，吸収されなかった物は排出されること。
(ウ) 血液は，心臓の働きで体内を巡り，養分，酸素及び二酸化炭素などを運んでいること。
(エ) 体内には，生命活動を維持するための様々な臓器があること。

イ 人や他の動物の体のつくりと働きについて追究する中で，体のつくりと呼吸，消化，排出及び循環の働きについて，より妥当な考えをつくりだし，表現すること。

(2) 植物の養分と水の通り道

植物について，その体のつくり，体内の水などの行方及び葉で養分をつくる働きに着目して，生命を維持する働きを多面的に調べる活動を通して，次の事項を身に付けることができるよう指導する。

ア 次のことを理解するとともに，観察，実験などに関する技能を身に付けること。
(ア) 植物の葉に日光が当たるとでんぷんができること。
(イ) 根，茎及び葉には，水の通り道があり，根から吸い上げられた水は主に葉から蒸散により排出されること。

イ 植物の体のつくりと働きについて追究する中で，体のつくり，体内の水などの行方及び葉で養分をつくる働きについて，より妥当な考えをつくりだし，表現すること。

(3) 生物と環境

生物と環境について，動物や植物の生活を観察したり資料を活用したりする中で，生物と環境との関わりに着目して，それらを多面的に調べる活動を通して，次の事項を身に付けることができるよう指導する。

ア 次のことを理解するとともに，観察，実験などに関する技能を身に付けること。
(ア) 生物は，水及び空気を通して周囲の環境と関わって生きていること。
(イ) 生物の間には，食う食われるという関係があること。
(ウ) 人は，環境と関わり，工夫して生活していること。

イ 生物と環境について追究する中で，生物と環境との関わりについて，より妥当な考えをつくりだし，表現すること。

(4) 土地のつくりと変化

土地のつくりと変化について，土地やその中に含まれる物に着目して，土地のつくりやでき方を多面的に調べる活動を通して，次の事項を身に付けることができるよう指導する。

ア 次のことを理解するとともに，観察，実験などに関する技能を身に付けること。
(ア) 土地は，礫，砂，泥，火山灰などからできており，層をつくって広がっているものがあること。また，層には化石が含まれているものがあること。
(イ) 地層は，流れる水の働きや火山の噴火によってできること。
(ウ) 土地は，火山の噴火や地震によって変化すること。

イ 土地のつくりと変化について追究する中で，土地のつくりやでき方について，より妥当な考えをつくりだし，表現すること。

(5) 月と太陽

月の形の見え方について，月と太陽の位置に着目して，それらの位置関係を多面的に調べる活動を通して，次の事項を身に付けることができるよう指導する。

ア 次のことを理解するとともに，観察，実験などに関する技能を身に付けること。
(ア) 月の輝いている側に太陽があること。また，月の形の見え方は，太陽と月との位置関係によって変わること。

イ 月の形の見え方について追究する中で，月の位置や形と太陽の位置との関係について，よ

り妥当な考えをつくりだし,表現すること。

3 内容の取扱い
(1) 内容の「A物質・エネルギー」の指導に当たっては,2種類以上のものづくりを行うものとする。
(2) 内容の「A物質・エネルギー」の(4)のアの(ア)については,電気をつくりだす道具として,手回し発電機,光電池などを扱うものとする。
(3) 内容の「B生命・地球」の(1)については,次のとおり取り扱うものとする。
　ア　アの(ウ)については,心臓の拍動と脈拍とが関係することにも触れること。
　イ　アの(エ)については,主な臓器として,肺,胃,小腸,大腸,肝臓,腎臓,心臓を扱うこと。
(4) 内容の「B生命・地球」の(3)については,次のとおり取り扱うものとする。
　ア　アの(ア)については,水が循環していることにも触れること。
　イ　アの(イ)については,水中の小さな生物を観察し,それらが魚などの食べ物になっていることに触れること。
(5) 内容の「B生命・地球」の(4)については,次のとおり取り扱うものとする。
　ア　アの(イ)については,流れる水の働きでできた岩石として礫岩,砂岩,泥岩を扱うこと。
　イ　アの(ウ)については,自然災害についても触れること。
(6) 内容の「B生命・地球」の(5)のアの(ア)については,地球から見た太陽と月との位置関係で扱うものとする。

● 第3　指導計画の作成と内容の取扱い

1　指導計画の作成に当たっては,次の事項に配慮するものとする。
(1) 単元など内容や時間のまとまりを見通して,その中で育む資質・能力の育成に向けて,児童の主体的・対話的で深い学びの実現を図るようにすること。その際,理科の学習過程の特質を踏まえ,理科の見方・考え方を働かせ,見通しをもって観察,実験を行うことなどの,問題を科学的に解決しようとする学習活動の充実を図ること。
(2) 各学年で育成を目指す思考力,判断力,表現力等については,該当学年において育成することを目指す力のうち,主なものを示したものであり,実際の指導に当たっては,他の学年で掲げている力の育成についても十分に配慮すること。
(3) 障害のある児童などについては,学習活動を行う場合に生じる困難さに応じた指導内容や指導方法の工夫を計画的,組織的に行うこと。
(4) 第1章総則の第1の2の(2)に示す道徳教育の目標に基づき,道徳科などとの関連を考慮しながら,第3章特別の教科道徳の第2に示す内容について,理科の特質に応じて適切な指導をすること。

2　第2の内容の取扱いについては,次の事項に配慮するものとする。
(1) 問題を見いだし,予想や仮説,観察,実験などの方法について考えたり説明したりする学習活動,観察,実験の結果を整理し考察する学習活動,科学的な言葉や概念を使用して考えたり説明したりする学習活動などを重視することによって,言語活動が充実するようにすること。
(2) 観察,実験などの指導に当たっては,指導内容に応じてコンピュータや情報通信ネットワークなどを適切に活用できるようにすること。また,第1章総則の第3の1の(3)のイに掲げるプログラミングを体験しながら論理的思考力を身に付けるための学習活動を行う場合には,児童の負担に配慮しつつ,例えば第2の各学年の内容の〔第6学年〕の「A物質・エネルギー」の(4)における電気の性質や働きを利用した道具があることを捉える学習など,与えた条件に

応じて動作していることを考察し，更に条件を変えることにより，動作が変化することについて考える場面で取り扱うものとする。
- (3) 生物，天気，川，土地などの指導に当たっては，野外に出掛け地域の自然に親しむ活動や体験的な活動を多く取り入れるとともに，生命を尊重し，自然環境の保全に寄与する態度を養うようにすること。
- (4) 天気，川，土地などの指導に当たっては，災害に関する基礎的な理解が図られるようにすること。
- (5) 個々の児童が主体的に問題解決の活動を進めるとともに，日常生活や他教科等との関連を図った学習活動，目的を設定し，計測して制御するという考え方に基づいた学習活動が充実するようにすること。
- (6) 博物館や科学学習センターなどと連携，協力を図りながら，それらを積極的に活用すること。

3 観察，実験などの指導に当たっては，事故防止に十分留意すること。また，環境整備に十分配慮するとともに，使用薬品についても適切な措置をとるよう配慮すること。

付録4

中学校学習指導要領　第3章　特別の教科　道徳

● 第1　目標

　第1章総則の第1の2の(2)に示す道徳教育の目標に基づき，よりよく生きるための基盤となる道徳性を養うため，道徳的諸価値についての理解を基に，自己を見つめ，物事を広い視野から多面的・多角的に考え，人間としての生き方についての考えを深める学習を通して，道徳的な判断力，心情，実践意欲と態度を育てる。

● 第2　内容

　学校の教育活動全体を通じて行う道徳教育の要である道徳科においては，以下に示す項目について扱う。

　A　主として自分自身に関すること

　［自主，自律，自由と責任］
　　自律の精神を重んじ，自主的に考え，判断し，誠実に実行してその結果に責任をもつこと。

　［節度，節制］
　　望ましい生活習慣を身に付け，心身の健康の増進を図り，節度を守り節制に心掛け，安全で調和のある生活をすること。

　［向上心，個性の伸長］
　　自己を見つめ，自己の向上を図るとともに，個性を伸ばして充実した生き方を追求すること。

　［希望と勇気，克己と強い意志］
　　より高い目標を設定し，その達成を目指し，希望と勇気をもち，困難や失敗を乗り越えて着実にやり遂げること。

　［真理の探究，創造］
　　真実を大切にし，真理を探究して新しいものを生み出そうと努めること。

　B　主として人との関わりに関すること

　［思いやり，感謝］
　　思いやりの心をもって人と接するとともに，家族などの支えや多くの人々の善意により日々の生活や現在の自分があることに感謝し，進んでそれに応え，人間愛の精神を深めること。

　［礼儀］
　　礼儀の意義を理解し，時と場に応じた適切な言動をとること。

　［友情，信頼］
　　友情の尊さを理解して心から信頼できる友達をもち，互いに励まし合い，高め合うとともに，異性についての理解を深め，悩みや葛藤も経験しながら人間関係を深めていくこと。

　［相互理解，寛容］
　　自分の考えや意見を相手に伝えるとともに，それぞれの個性や立場を尊重し，いろいろなものの見方や考え方があることを理解し，寛容の心をもって謙虚に他に学び，自らを高めていくこと。

　C　主として集団や社会との関わりに関すること

　［遵法精神，公徳心］
　　法やきまりの意義を理解し，それらを進んで守るとともに，そのよりよい在り方について考え，自他の権利を大切にし，義務を果たして，規律ある安定した社会の実現に努めること。

［公正，公平，社会正義］
　正義と公正さを重んじ，誰に対しても公平に接し，差別や偏見のない社会の実現に努めること。
［社会参画，公共の精神］
　社会参画の意識と社会連帯の自覚を高め，公共の精神をもってよりよい社会の実現に努めること。
［勤労］
　勤労の尊さや意義を理解し，将来の生き方について考えを深め，勤労を通じて社会に貢献すること。
［家族愛，家庭生活の充実］
　父母，祖父母を敬愛し，家族の一員としての自覚をもって充実した家庭生活を築くこと。
［よりよい学校生活，集団生活の充実］
　教師や学校の人々を敬愛し，学級や学校の一員としての自覚をもち，協力し合ってよりよい校風をつくるとともに，様々な集団の意義や集団の中での自分の役割と責任を自覚して集団生活の充実に努めること。
［郷土の伝統と文化の尊重，郷土を愛する態度］
　郷土の伝統と文化を大切にし，社会に尽くした先人や高齢者に尊敬の念を深め，地域社会の一員としての自覚をもって郷土を愛し，進んで郷土の発展に努めること。
［我が国の伝統と文化の尊重，国を愛する態度］
　優れた伝統の継承と新しい文化の創造に貢献するとともに，日本人としての自覚をもって国を愛し，国家及び社会の形成者として，その発展に努めること。
［国際理解，国際貢献］
　世界の中の日本人としての自覚をもち，他国を尊重し，国際的視野に立って，世界の平和と人類の発展に寄与すること。
D　主として生命や自然，崇高なものとの関わりに関すること
［生命の尊さ］
　生命の尊さについて，その連続性や有限性なども含めて理解し，かけがえのない生命を尊重すること。
［自然愛護］
　自然の崇高さを知り，自然環境を大切にすることの意義を理解し，進んで自然の愛護に努めること。
［感動，畏敬の念］
　美しいものや気高いものに感動する心をもち，人間の力を超えたものに対する畏敬の念を深めること。
［よりよく生きる喜び］
　人間には自らの弱さや醜さを克服する強さや気高く生きようとする心があることを理解し，人間として生きることに喜びを見いだすこと。

● 第3　指導計画の作成と内容の取扱い

1　各学校においては，道徳教育の全体計画に基づき，各教科，総合的な学習の時間及び特別活動との関連を考慮しながら，道徳科の年間指導計画を作成するものとする。なお，作成に当たっては，第2に示す内容項目について，各学年において全て取り上げることとする。その際，生徒や学校の実態に応じ，3学年間を見通した重点的な指導や内容項目間の関連を密にした指導，一つの内容項目を複数の時間で扱う指導を取り入れるなどの工夫を行うものとする。

2　第2の内容の指導に当たっては，次の事項に配慮するものとする。
(1) 学級担任の教師が行うことを原則とするが，校長や教頭などの参加，他の教師との協力的な指導などについて工夫し，道徳教育推進教師を中心とした指導体制を充実すること。
(2) 道徳科が学校の教育活動全体を通じて行う道徳教育の要としての役割を果たすことができるよう，計画的・発展的な指導を行うこと。特に，各教科，総合的な学習の時間及び特別活動における道徳教育としては取り扱う機会が十分でない内容項目に関わる指導を補うことや，生徒や学校の実態等を踏まえて指導をより一層深めること，内容項目の相互の関連を捉え直したり発展させたりすることに留意すること。
(3) 生徒が自ら道徳性を養う中で，自らを振り返って成長を実感したり，これからの課題や目標を見付けたりすることができるよう工夫すること。その際，道徳性を養うことの意義について，生徒自らが考え，理解し，主体的に学習に取り組むことができるようにすること。また，発達の段階を考慮し，人間としての弱さを認めながら，それを乗り越えてよりよく生きようとすることのよさについて，教師が生徒と共に考える姿勢を大切にすること。
(4) 生徒が多様な感じ方や考え方に接する中で，考えを深め，判断し，表現する力などを育むことができるよう，自分の考えを基に討論したり書いたりするなどの言語活動を充実すること。その際，様々な価値観について多面的・多角的な視点から振り返って考える機会を設けるとともに，生徒が多様な見方や考え方に接しながら，更に新しい見方や考え方を生み出していくことができるよう留意すること。
(5) 生徒の発達の段階や特性等を考慮し，指導のねらいに即して，問題解決的な学習，道徳的行為に関する体験的な学習等を適切に取り入れるなど，指導方法を工夫すること。その際，それらの活動を通じて学んだ内容の意義などについて考えることができるようにすること。また，特別活動等における多様な実践活動や体験活動も道徳科の授業に生かすようにすること。
(6) 生徒の発達の段階や特性等を考慮し，第2に示す内容との関連を踏まえつつ，情報モラルに関する指導を充実すること。また，例えば，科学技術の発展と生命倫理との関係や社会の持続可能な発展などの現代的な課題の取扱いにも留意し，身近な社会的課題を自分との関係において考え，その解決に向けて取り組もうとする意欲や態度を育てるよう努めること。なお，多様な見方や考え方のできる事柄について，特定の見方や考え方に偏った指導を行うことのないようにすること。
(7) 道徳科の授業を公開したり，授業の実施や地域教材の開発や活用などに家庭や地域の人々，各分野の専門家等の積極的な参加や協力を得たりするなど，家庭や地域社会との共通理解を深め，相互の連携を図ること。
3　教材については，次の事項に留意するものとする。
(1) 生徒の発達の段階や特性，地域の実情等を考慮し，多様な教材の活用に努めること。特に，生命の尊厳，社会参画，自然，伝統と文化，先人の伝記，スポーツ，情報化への対応等の現代的な課題などを題材とし，生徒が問題意識をもって多面的・多角的に考えたり，感動を覚えたりするような充実した教材の開発や活用を行うこと。
(2) 教材については，教育基本法や学校教育法その他の法令に従い，次の観点に照らし適切と判断されるものであること。
　　ア　生徒の発達の段階に即し，ねらいを達成するのにふさわしいものであること。
　　イ　人間尊重の精神にかなうものであって，悩みや葛藤等の心の揺れ，人間関係の理解等の課題も含め，生徒が深く考えることができ，人間としてよりよく生きる喜びや勇気を与えられるものであること。
　　ウ　多様な見方や考え方のできる事柄を取り扱う場合には，特定の見方や考え方に偏った取扱いがなされていないものであること。

4 生徒の学習状況や道徳性に係る成長の様子を継続的に把握し,指導に生かすよう努める必要がある。ただし,数値などによる評価は行わないものとする。

付録5

「道徳の内容」の学年段階・学校段階の一覧

	小学校第1学年及び第2学年（19）	小学校第3学年及び第4学年（20）
A 主として自分自身に関すること		
善悪の判断, 自律,自由と責任	（1）よいことと悪いこととの区別をし，よいと思うことを進んで行うこと。	（1）正しいと判断したことは，自信をもって行うこと。
正直,誠実	（2）うそをついたりごまかしをしたりしないで，素直に伸び伸びと生活すること。	（2）過ちは素直に改め，正直に明るい心で生活すること。
節度,節制	（3）健康や安全に気を付け，物や金銭を大切にし，身の回りを整え，わがままをしないで，規則正しい生活をすること。	（3）自分でできることは自分でやり，安全に気を付け，よく考えて行動し，節度のある生活をすること。
個性の伸長	（4）自分の特徴に気付くこと。	（4）自分の特徴に気付き，長所を伸ばすこと。
希望と勇気, 努力と強い意志	（5）自分のやるべき勉強や仕事をしっかりと行うこと。	（5）自分でやろうと決めた目標に向かって，強い意志をもち，粘り強くやり抜くこと。
真理の探究		
B 主として人との関わりに関すること		
親切,思いやり	（6）身近にいる人に温かい心で接し，親切にすること。	（6）相手のことを思いやり，進んで親切にすること。
感謝	（7）家族など日頃世話になっている人々に感謝すること。	（7）家族など生活を支えてくれている人々や現在の生活を築いてくれた高齢者に，尊敬と感謝の気持ちをもって接すること。
礼儀	（8）気持ちのよい挨拶，言葉遣い，動作などに心掛けて，明るく接すること。	（8）礼儀の大切さを知り，誰に対しても真心をもって接すること。
友情,信頼	（9）友達と仲よくし，助け合うこと。	（9）友達と互いに理解し，信頼し，助け合うこと。
相互理解,寛容		（10）自分の考えや意見を相手に伝えるとともに，相手のことを理解し，自分と異なる意見も大切にすること。
C 主として集団や社会との関わりに関すること		
規則の尊重	（10）約束やきまりを守り，みんなが使う物を大切にすること。	（11）約束や社会のきまりの意義を理解し，それらを守ること。
公正,公平, 社会正義	（11）自分の好き嫌いにとらわれないで接すること。	（12）誰に対しても分け隔てをせず，公正，公平な態度で接すること。
勤労,公共の精神	（12）働くことのよさを知り，みんなのために働くこと。	（13）働くことの大切さを知り，進んでみんなのために働くこと。
家族愛, 家庭生活の充実	（13）父母，祖父母を敬愛し，進んで家の手伝いなどをして，家族の役に立つこと。	（14）父母，祖父母を敬愛し，家族みんなで協力し合って楽しい家庭をつくること。
よりよい学校生活, 集団生活の充実	（14）先生を敬愛し，学校の人々に親しんで，学級や学校の生活を楽しくすること。	（15）先生や学校の人々を敬愛し，みんなで協力し合って楽しい学級や学校をつくること。
伝統と文化の尊重, 国や郷土を愛する 態度	（15）我が国や郷土の文化と生活に親しみ，愛着をもつこと。	（16）我が国や郷土の伝統と文化を大切にし，国や郷土を愛する心をもつこと。
国際理解, 国際親善	（16）他国の人々や文化に親しむこと。	（17）他国の人々や文化に親しみ，関心をもつこと。
D 主として生命や自然，崇高なものとの関わりに関すること		
生命の尊さ	（17）生きることのすばらしさを知り，生命を大切にすること。	（18）生命の尊さを知り，生命あるものを大切にすること。
自然愛護	（18）身近な自然に親しみ，動植物に優しい心で接すること。	（19）自然のすばらしさや不思議さを感じ取り，自然や動植物を大切にすること。
感動,畏敬の念	（19）美しいものに触れ，すがすがしい心をもつこと。	（20）美しいものや気高いものに感動する心をもつこと。
よりよく生きる 喜び		

付録6

小学校第5学年及び第6学年（22）	中学校（22）	
（1）自由を大切にし，自律的に判断し，責任のある行動をすること。	（1）自律の精神を重んじ，自主的に考え，判断し，誠実に実行してその結果に責任をもつこと。	自主，自律，自由と責任
（2）誠実に，明るい心で生活すること。		
（3）安全に気を付けることや，生活習慣の大切さについて理解し，自分の生活を見直し，節度を守り節制に心掛けること。	（2）望ましい生活習慣を身に付け，心身の健康の増進を図り，節度を守り節制に心掛け，安全で調和のある生活をすること。	節度，節制
（4）自分の特徴を知って，短所を改め長所を伸ばすこと。	（3）自己を見つめ，自己の向上を図るとともに，個性を伸ばして充実した生き方を追求すること。	向上心，個性の伸長
（5）より高い目標を立て，希望と勇気をもち，困難があってもくじけずに努力して物事をやり抜くこと。	（4）より高い目標を設定し，その達成を目指し，希望と勇気をもち，困難や失敗を乗り越えて着実にやり遂げること。	希望と勇気，克己と強い意志
（6）真理を大切にし，物事を探究しようとする心をもつこと。	（5）真実を大切にし，真理を探究して新しいものを生み出そうと努めること。	真理の探究，創造
（7）誰に対しても思いやりの心をもち，相手の立場に立って親切にすること。	（6）思いやりの心をもって人と接するとともに，家族などの支えや多くの人々の善意により日々の生活や現在の自分があることに感謝し，進んでそれに応え，人間愛の精神を深めること。	思いやり，感謝
（8）日々の生活が家族や過去からの多くの人々の支え合いや助け合いで成り立っていることに感謝し，それに応えること。		
（9）時と場をわきまえて，礼儀正しく真心をもって接すること。	（7）礼儀の意義を理解し，時と場に応じた適切な言動をとること。	礼儀
（10）友達と互いに信頼し，学び合って友情を深め，異性についても理解しながら，人間関係を築いていくこと。	（8）友情の尊さを理解して心から信頼できる友達をもち，互いに励まし合い，高め合うとともに，異性についての理解を深め，悩みや葛藤も経験しながら人間関係を深めていくこと。	友情，信頼
（11）自分の考えや意見を相手に伝えるとともに，謙虚な心をもち，広い心で自分と異なる意見や立場を尊重すること。	（9）自分の考えや意見を相手に伝えるとともに，それぞれの個性や立場を尊重し，いろいろなものの見方や考え方があることを理解し，寛容の心をもって謙虚に他に学び，自らを高めていくこと。	相互理解，寛容
（12）法やきまりの意義を理解した上で進んでそれらを守り，自他の権利を大切にし，義務を果たすこと。	（10）法やきまりの意義を理解し，それらを進んで守るとともに，そのよりよい在り方について考え，自他の権利を大切にし，義務を果たして，規律ある安定した社会の実現に努めること。	遵法精神，公徳心
（13）誰に対しても差別をすることや偏見をもつことなく，公正，公平な態度で接し，正義の実現に努めること。	（11）正義と公正さを重んじ，誰に対しても公平に接し，差別や偏見のない社会の実現に努めること。	公正，公平，社会正義
（14）働くことや社会に奉仕することの充実感を味わうとともに，その意義を理解し，公共のために役に立つことをすること。	（12）社会参画の意識と社会連帯の自覚を高め，公共の精神をもってよりよい社会の実現に努めること。	社会参画，公共の精神
	（13）勤労の尊さや意義を理解し，将来の生き方について考えを深め，勤労を通じて社会に貢献すること。	勤労
（15）父母，祖父母を敬愛し，家族の幸せを求めて，進んで役に立つことをすること。	（14）父母，祖父母を敬愛し，家族の一員としての自覚をもって充実した家庭生活を築くこと。	家族愛，家庭生活の充実
（16）先生や学校の人々を敬愛し，みんなで協力し合ってよりよい学級や学校をつくるとともに，様々な集団の中での自分の役割を自覚して集団生活の充実に努めること。	（15）教師や学校の人々を敬愛し，学級や学校の一員としての自覚をもち，協力し合ってよりよい校風をつくるとともに，様々な集団の意義や集団の中での自分の役割と責任を自覚して集団生活の充実に努めること。	よりよい学校生活，集団生活の充実
（17）我が国や郷土の伝統と文化を大切にし，先人の努力を知り，国や郷土を愛する心をもつこと。	（16）郷土の伝統と文化を大切にし，社会に尽くした先人や高齢者に尊敬の念を深め，地域社会の一員としての自覚をもって郷土を愛し，進んで郷土の発展に努めること。	郷土の伝統と文化の尊重，郷土を愛する態度
	（17）優れた伝統の継承と新しい文化の創造に貢献するとともに，日本人としての自覚をもって国を愛し，国家及び社会の形成者として，その発展に努めること。	我が国の伝統と文化の尊重，国を愛する態度
（18）他国の人々や文化について理解し，日本人としての自覚をもって国際親善に努めること。	（18）世界の中の日本人としての自覚をもち，他国を尊重し，国際的視野に立って，世界の平和と人類の発展に寄与すること。	国際理解，国際貢献
（19）生命が多くの生命のつながりの中にあるかけがえのないものであることを理解し，生命を尊重すること。	（19）生命の尊さについて，その連続性や有限性なども含めて理解し，かけがえのない生命を尊重すること。	生命の尊さ
（20）自然の偉大さを知り，自然環境を大切にすること。	（20）自然の崇高さを知り，自然環境を大切にすることの意義を理解し，進んで自然の愛護に努めること。	自然愛護
（21）美しいものや気高いものに感動する心や人間の力を超えたものに対する畏敬の念をもつこと。	（21）美しいものや気高いものに感動する心をもち，人間の力を超えたものに対する畏敬の念を深めること。	感動，畏敬の念
（22）よりよく生きようとする人間の強さや気高さを理解し，人間として生きる喜びを感じること。	（22）人間には自らの弱さや醜さを克服する強さや気高く生きようとする心があることを理解し，人間として生きることに喜びを見いだすこと。	よりよく生きる喜び

付録6

学習指導要領等の改善に係る検討に必要な専門的作業等協力者（五十音順）

(職名は平成29年6月現在)

井 上 美 貴	高知県教育委員会事務局指導主事
宇田川 麻 由	筑波大学附属駒場中・高等学校教諭
江 崎 士 郎	東京都世田谷区立砧南中学校長
加 藤 裕 之	神奈川県小田原市立大窪小学校長
小 林 辰 至	上越教育大学大学院学校教育研究科教授
小 林 俊 行	東海大学清水教養教育センター・課程資格教育センター教授
境 　 智 洋	北海道教育大学教育学部教授
真 井 克 子	奈良県立教育研究所指導主事
澤 田 隆 文	滋賀県米原市立大東中学校主幹教諭
鈴 木 華奈子	新潟県教育庁義務教育課副参事・指導主事
田 代 直 幸	常葉大学大学院初等教育高度実践研究科教授
中 村 雅 浩	成城学園中学校高等学校教諭
羽 岡 伸三郎	番組制作プロデューサー
平 賀 博 之	広島大学附属福山中・高等学校副校長
益 田 裕 充	群馬大学教育学部副学部長・教授
松 浦 拓 也	広島大学大学院教育学研究科准教授
宮 内 卓 也	東京学芸大学教育実践研究支援センター准教授
山 口 晃 弘	東京都品川区立八潮学園校長

国立教育政策研究所において，次の者が本書の作成に携わった。

松 原 憲 治	教育課程研究センター総括研究官
鈴 木 康 浩	教育課程研究センター学力調査官・教育課程調査官
藤 本 義 博	教育課程研究センター学力調査官・教育課程調査官
後 藤 顕 一	東洋大学食環境科学部食環境科学科教授
	（前教育課程研究センター総括研究官）

なお，文部科学省においては，次の者が本書の編集に当たった。

合 田 哲 雄	初等中等教育局教育課程課長
清 原 洋 一	初等中等教育局主任視学官
平 野 　 誠	大臣官房教育改革調整官
金 城 太 一	初等中等教育局教育課程課課長補佐
遠 山 一 郎	初等中等教育局教育課程課教科調査官
野 内 頼 一	初等中等教育局教育課程課教科調査官
藤 枝 秀 樹	初等中等教育局教育課程課教科調査官
三 次 徳 二	初等中等教育局教育課程課教科調査官

中学校学習指導要領(平成29年告示)解説
理科編

MEXT 1-1720

| 平成30年3月26日 | 初版発行 |
| 令和 7年2月20日 | 第9版発行 |

著作権所有　　文部科学省

発　行　者
東京都千代田区神田淡路町 2-23-1
学校図書株式会社
代表者　橋 本 和 夫

印　刷　所
東京都北区東十条 3-10-36
TOPPANクロレ株式会社
代表者　岡 沢 宏 和

発　行　所
〒 101-0063
東京都千代田区神田淡路町 2-23-1
学校図書株式会社
電　話　03-6285-2927

定価　119円（本体108円＋税10％）

ISBN 978-4-7625-0613-0